ECONOMICS FOR BUSINESS

ビジネスのための経済学入門

**早稲田大学商学部
ビジネス・エコノミクス研究会**［著］

久保克行／横山将義／高瀬浩一／嶋村紘輝
佐々木宏夫／横田信武／片岡孝夫／畫間文彦

中央経済社

はしがき

　本書は，主として，商学部，商経学部，経営学部，経営情報学部，ビジネス学部などで，ビジネス系の科目を学ぶ学生を対象に，その基礎となる経済学を解説した入門書である。加えて，ビジネスを学ぼうと志す学生，将来，ビジネスの世界に身を置こうと考えている人たち，すでにビジネスの世界で活躍しているビジネス・パーソンにとっても有益な内容を提示している。

　本書の目的は，幅広いビジネスを展開する企業の経済行動や意思決定，企業を取り巻く経済社会に焦点をあて，経済学の基本的概念や理論を説明することにある。これが，本書を『ビジネスのための経済学入門』とした理由である。

　本書は，経営，会計，商業などのビジネス系の科目を学ぶうえで，必要不可欠な経済学の知識や手法を提供するものである。また，本書をきっかけに，次のステップとしてマクロ経済学やミクロ経済学，経済学の応用分野（財政・金融，環境経済，国際経済，産業組織，労働経済，社会保障など）を学ぼうとする読者にとっては，ビジネスと経済との関係を明確にしたうえで，経済学の本質を修得することができるであろう。また，経済を牽引する企業の経済行動を考察することで，現実の経済の動向をみる眼を養うこともできる。

●本書の視点

　筆者らが勤務する早稲田大学商学部では，「商学」を「財貨，サービス，貨幣，情報，時間などの資源を効率的に配分し，かつ円滑な流通を図ることを通じて，人々の社会生活を質量ともに豊かにする学問」と定義している。ここでいう商学は，ビジネス全般にかかわる学問と考えることができる。現代においては，経営，会計，商業・流通，貿易，金融などの「ネットワーク」を考察する学問として，商学またはビジネス論をとらえることが必要である。

　ネットワーク論としての商学やビジネス論を学ぶ場合，「木（経営，会計，商業など）をみて森（経済）をみず」あるいは「森をみて木をみず」であってはならない。ビジネスおよびビジネスを取り巻く環境の両方をみてこそ，「実

学」としての商学やビジネス論を修得することができる。本書では，ビジネスを経済学の視点からとらえ，ビジネスと経済との間の相互作用を主要な論点として「ビジネスのための経済学」を展開する。

●本書の構成

　本書は，Chapter 1 から Chapter 10 までの 10 章立てで構成され，主としてビジネスとの関連性が高い経済学の基礎理論や経済現象を取り上げている。

　Chapter 1 は，本書のイントロダクションにあたる部分であり，なぜビジネスのために経済学を学ぶのかを考える。ここでは本書の全体像を提示する。

　次の Chapter 2～Chapter 5 では，ミクロ経済学の分析方法にもとづき，企業行動や企業が活動する市場に焦点をあてる。具体的に，Chapter 2 では，市場の構造や仕組みを中心に，需要と供給，市場均衡，市場の効率性を解説する。Chapter 3 では，外部性，公共財，不完全情報など，市場が効率性を欠く場合に，政府はどのように介入することが望ましいかを考える。Chapter 4 は，最近，ミクロ経済学の分野で重要度を増しているゲーム理論にもとづき，市場競争において，企業の戦略（たとえば価格づけ）はどのように組み立てられるかについての見方を提示する。Chapter 5 では，企業の生産行動を理論的に考えるとともに，企業の仕組みや組織を解説している。

　引き続き，Chapter 6～Chapter 8 では，マクロ経済学の分析方法にもとづき，企業を取り巻く環境として経済全体の動向に焦点をあてる。Chapter 6 では，GDP（国内総生産），物価，雇用，貨幣，為替レートなどの経済統計にもとづき，日本経済の動向を分析する。Chapter 7 では，マクロ経済の仕組みを中心に，経済循環，総需要と総供給，マクロ経済の均衡と変動を説明する。Chapter 8 では，財政と金融を中心に，政府の経済活動とその影響，また，金融の働きや中央銀行の役割を取り上げ，マクロ経済政策の手段や方法を考える。

　さらに，Chapter 9 は，ビジネスの国際的な側面として，比較優位の決定，為替レートの決定と変動，資本移動，貿易の景気変動への影響を考察する。終わりに，Chapter 10 では，残された課題を中心に，本書で用いた理論的考察を踏まえてビジネスや経済社会の今後の展開を考える。

　各 Chapter（章）は，内容の把握を容易にするため，概要，Key Words から

はじまり，本文，Problems（練習問題）と続く形式をとっている。なお，Chapter 10 を除く各Chapterでは，本文と深いかかわりをもつColumnを設け，内容の補充に努めている。さらに，巻末には，本書を含む経済学全般の理解度を高めるための学習ガイド，各ChapterのProblemsに対する解答とヒント，本文中の重要語を抜き出した索引が示してある。

　本書は，ビジネスのための経済学を体系的にまとめたものであるから，理解度を高めるには，全体にわたって読みとおすことが望ましい。しかし，それぞれのChapterは独立して完結するように記述されているため，興味深い箇所だけを取り上げることも可能である。

●本書の特色

1　欧米では，本書に類するものとして，*Business Economics*または*Managerial Economics*といった文献が数多く出版されている。他方，わが国では，「マクロ経済学」や「ミクロ経済学」に関する文献に比して，「ビジネスのための経済学」を取り上げた文献はごく少なく，その意味で，本書は新しい試みということができる。これは，執筆陣が商学部において，実際に経済学の講義を担当していることの強みでもある。

2　本書では，「ビジネスのための経済学」の基本的な概念や基礎理論を，わかりやすく簡潔に解説するように努めている。すなわち，説明にあたっては，図，表，数値例を多用し，ごく簡単な数式の使用にとどめている。

3　本書は，「ビジネスのための経済学」を体系立てて取り上げ，その基礎理論の現実への適用性を重視した内容となっている。読者は，本書を通じて，現実の経済に対する見方や考え方を身につけることができるであろう。

4　本文中では，図，表の番号や重要と思われる語句に，わかりやすくブルーを付している。学習の参考にしてほしい。

5　各Chapterの終わりには，Problemsが掲載されている。読者は，自力で解答するように努めてほしい。それは，本書の内容を理解するうえで，きわめて有効な手段といえるからである。

6　本書は，商学系の学部に籍を置く学生がビジネス系の科目を学ぶうえで，必要不可欠な経済学の知識や手法を提供することを意図している。また，広

くビジネスを学びたいと考える学生やビジネスの世界で活躍する人たちをも念頭に置いている。加えて，経済学にはじめて触れる人にとっても，わかりやすく読めるように工夫している。

早稲田大学商学部の必須科目である「基礎経済学」（1年生向け）の担当者を中心に設立された「早稲田大学商学部ビジネス・エコノミクス研究会」は，商学系の学部における経済学教育のあり方，ビジネス系の科目を学ぶうえで必要とされる経済学の知識や手法について検討を重ねてきた。2006年に出版された『入門ビジネス・エコノミクス』は，その成果の一部である。それ以来同書は「基礎経済学」のテキストとして採用されてきたが，2014年にはデータを最新のものに改めるなどの作業も必要になり，あわせて経済理論の説明を補強する方向性をもって，Chapter 5，7，9の内容は大きく変更された。またその際に，本書のタイトルも『ビジネスのための経済学入門』と改められた。

共著という性格上，幾度となく構成や内容の打ち合わせを行い，横山将義がはしがき，Chapter 1 ❷，9を，久保克行がChapter 1 ❶，5を，高瀬浩一がChapter 1 ❸，10を，嶋村紘輝がChapter 2，3を，佐々木宏夫がChapter 4を，横田信武がChapter 8 ❶-❹を，片岡孝夫がChapter 7を，晝間文彦がChapter 8 ❺-❼をそれぞれ担当し，またChapter 6については横田信武と片岡孝夫が共同して執筆した。

Problems，学習ガイド，解答・ヒント，索引は執筆陣全員で作成し，相互の内容調整などを経て出版に漕ぎ着けることができた。しかし，紙幅の都合や著者たちの不注意によって，説明の不備や思わぬ誤りが散見されるかもしれない。その折には，読者の方々からご指摘やご叱正をいただければ幸いである。

終わりに，『入門マクロ経済学』（1999年），『入門ミクロ経済学』（2002年），『入門ビジネス・エコノミクス』（2006年）の出版に引き続き，本書の刊行にもご尽力いただき，多大な編集の労をとってくださった中央経済社の納見伸之氏に心よりお礼を申し上げたい。

2015年1月23日

著者一同

目 次
CONTENTS

Chapter 1
なぜビジネスのために経済学を学ぶのか

1 市場における企業の競争 ……………………………………… 2

　（1） 企業ランキングの変遷　*2*

　（2） 企業の成功と失敗の要因　*4*

2 ビジネスと経済 ……………………………………………… 5

　（1） 経済学とは　*5*

　（2） ビジネスと経済学の視点　*7*

3 本書でどのようなことを学ぶのか …………………………… 9

　（1） 企業や市場を中心とした分析　*9*

　（2） 国単位の経済や国際経済を中心とした分析　*11*

■Problems　*12*

Chapter 2
市場と競争

1 市場とは …… **14**
    （1） 市場の意味　***14***
    （2） 市場の競争形態　***14***

2 市場の需要と供給 …… **15**
    （1） 需要曲線　***16***
    （2） 供給曲線　***17***

3 市場の均衡 …… **18**
    （1） 市場の価格調整メカニズム　***18***
    （2） 需要と供給の変化　***19***
    [Column] 需要と供給の弾力性　***21***

4 消費者余剰と生産者余剰 …… **22**
    （1） 消費者余剰　***22***
    （2） 生産者余剰　***23***

5 市場の効率性 …… **25**
    （1） 完全競争市場の効率性　***25***
    （2） 不完全競争市場の非効率性　***26***
    [Column] 効率性の基準：パレート最適　***28***

6 政府の価格規制と課税 ··· *29*

    （1） 価格の上限の規制　*29*

    （2） 消費税の影響　*30*

■Problems　*32*

Chapter 3
市場の失敗

1 外部性 ·· *34*

    （1） 外部不経済と外部経済　*34*

    （2） 外部性による市場の失敗　*34*

2 外部性の解決法 ·· *36*

    （1） 統合　*36*

    （2） 交渉：コースの定理　*37*

    （3） 環境規制　*38*

    （4） ピグー税と補助金　*39*

    [Column]　排出権取引　*40*

3 公共財 ·· *40*

    （1） 非競合性と非排除性　*41*

    （2） ただ乗り（フリーライダー）の問題　*41*

4. 公共財の供給 ……………………………………………… 42
   （1） 公共財の最適供給量　*42*
   （2） 市場の失敗と政府による供給　*43*
   [Column]　共有資源　*44*

5. 不完全情報：逆選択 ……………………………………… 45
   （1） レモンの市場　*45*
   （2） シグナリング　*46*
   （3） 自己選択　*47*

6. モラル・ハザード ………………………………………… 48
   （1） 保険のモラル・ハザード　*48*
   （2） エージェンシー問題　*49*
   （3） モニタリング　*49*
   （4） 誘因システム　*50*
   [Column]　自然独占　*51*

■Problems　*52*

Chapter 4
競争と戦略

1. 市場における競争 ………………………………………… 54
   （1） 差別化競争と価格競争　*54*
   （2） 熾烈な価格競争　*55*

2 価格引き下げ競争ゲーム …………………………………… 56

（1） ゲーム理論とは　　*56*

（2） 価格競争ゲーム　　*57*

3 支配戦略均衡と囚人のジレンマ …………………………… 59

（1） 支配戦略均衡　　*59*

（2） 囚人のジレンマ　　*60*

[Column]　最低価格保証
　　　　　：消費者にとって本当におトクなのか？　　*61*

4 ナッシュ均衡の考え方 ……………………………………… 63

（1） スーパーマーケットの立地　　*63*

（2） ナッシュ均衡　　*64*

5 行動と戦略 …………………………………………………… 66

（1） ゲームの木　　*66*

（2） 交渉の最終局面ゲーム　　*67*

（3） 展開型ゲームのナッシュ均衡　　*68*

（4） 威嚇の有効性　　*70*

■Problems　　*72*

Chapter 5
企業の経済学と日本企業

1 会社の仕組み … 74
（1） 企業の数と株式会社の特徴　**74**

[Column]　持分会社とNPO　**75**

（2） 現在価値　**77**

（3） 株価の決定　**78**

2 ミクロ経済学における企業の理論 … 81
（1） 費用曲線　**81**

（2） 平均費用，限界費用，平均可変費用　**82**

（3） 利潤最大化　**85**

（4） 企業の供給曲線　**86**

（5） 式でみる利潤最大化　**88**

3 日本企業の特徴 … 91
（1） 日本企業と外国企業　**91**

（2） 雇用からみた日本企業　**91**

（3） 金融面からみた日本企業　**95**

■Problems　**97**

Chapter 6
マクロ統計からみる日本経済

1 GDPとは何か ………………………………………………… 100

（1） 付加価値　**100**

（2） 三面等価　**101**

[Column]　産業構造の転換・経済のソフト化　**103**

（3） GDPとGNP　**104**

（4） 名目（nominal）と実質（real）　**105**

（5） ストックとフロー　**106**

2 経済成長と景気変動 ………………………………………… 106

3 物価変動 ……………………………………………………… 107

[Column]　石油危機　**109**

4 失業 …………………………………………………………… 110

[Column]　非正規雇用　**111**

5 貨幣供給量と利子率 ………………………………………… 112

[Column]　バブルの崩壊と平成不況・金融危機　**114**

6 為替レートと経常収支 ……………………………………… 114

[Column]ブレトン・ウッズ体制崩壊と日本経済の国際化　**116**

■Problems　**117**

Chapter 7
マクロ経済の仕組み

1 経済循環 ……………………………………………………………… 120
(1) 支出面と分配面　**120**

(2) マクロ・バランス　**122**

[Column] 少子高齢化と日本経済　**123**

2 総需要 ……………………………………………………………… 124
(1) 消費関数と均衡GDP　**124**

(2) 乗数効果　**126**

(3) 総需要の変動　**127**

[Column] 自己実現的な予言　**128**

(4) 物価水準と総需要　**129**

3 企業の生産活動と総供給 ……………………………………… 131
(1) 実質賃金率と生産意欲　**131**

(2) 物価水準と総供給　**132**

(3) 供給ショック　**134**

4 マクロ経済の均衡と変動 ……………………………………… 134
(1) 景気変動と景気対策　**134**

(2) 長期均衡と供給ショック　**136**

■Problems　**138**

Chapter 8
財政と金融

1 財政の機能とその仕組み 140
(1) 財政の基本的機能　*140*

(2) 予算　*141*

(3) 財政投融資　*142*

(4) 公的部門とその支出　*142*

2 税制とその課題 143
(1) 税制改革　*143*

(2) 租税負担率と国民負担率　*144*

[Column] 目的税（特定財源）　*145*

3 財政赤字と公債 146
(1) 公債発行　*146*

(2) 公債残高の累積　*147*

4 社会保障制度の構造改革 148
(1) 社会保障関係費の増加　*148*

(2) 医療・年金保険の改革　*148*

[Column] 年金の財政方式　*149*

5 貨幣の機能とマネーストック …………………………………… *150*

（1） 貨幣の基本的機能　　*150*

（2） 貨幣形態の進化　　*151*

（3） 日本のマネーストック統計　　*151*

（4） 銀行の信用創造　　*153*

[Column]　電子マネーと新種の銀行　　*154*

（5） マネーストックと中央銀行　　*155*

6 金融の機能とその仕組み ………………………………………… *156*

（1） 金融とその取引形態　　*156*

（2） 金融システムの最近の変化　　*157*

（3） 利子率とはなにか　　*158*

7 中央銀行と金融政策 ……………………………………………… *159*

（1） 中央銀行の役割と金融政策　　*159*

（2） 最近の金融政策運営と日本銀行の自主性（独立性）　　*160*

■Problems　　*162*

Chapter 9
国際ビジネスの経済学

1 貿易と資源配分 ……………………………………………… *164*

(1) 比較優位　*164*

(2) 生産特化と資源配分　*165*

2 貿易と経済厚生 ……………………………………………… *167*

(1) 自由貿易　*167*

[Column] 貿易と生産要素価格　*168*

(2) 保護貿易　*169*

(3) 自由貿易地域　*170*

3 資本移動 ……………………………………………………… *172*

4 国際取引と為替レート ……………………………………… *174*

(1) 国際収支　*174*

(2) 外国為替市場と為替レート　*176*

(3) 金利裁定と為替レート　*178*

(4) 購買力平価　*180*

5 貿易と景気変動 ……………………………………………… *182*

(1) 貿易とGDP　*182*

(2) 為替レートと経常収支，GDP　*186*

■Problems　*188*

Chapter 10
経済社会の展望と未来

1 ビジネスと競争 …………………………………………… *190*

 （1） 企業とビジネス *190*

 （2） 市場の開放と新しい市場 *192*

 （3） ビジネスと倫理 *194*

 （4） ビジネスの限界と政府 *195*

2 世界とビジネス …………………………………………… *196*

 （1） 企業と国際的ビジネス *196*

 （2） 国と地域 *197*

 （3） 金融市場 *198*

3 ビジネスと経済の未来 …………………………………… *200*

 （1） 経済と環境 *200*

 （2） 地球と国際協力 *202*

 （3） 情報化社会とその後 *203*

■Problems *204*

●学習ガイド ………………………………………………… *205*

●Problemsの解答とヒント ………………………………… *207*

●索引 ………………………………………………………… *217*

Chapter 1

なぜビジネスのために経済学を学ぶのか

はじめに，なぜビジネスのために経済学を学ぶのかを説明する。経済学とは，希少な資源をどのように配分するか，誰のために分配するかを分析する学問である。ビジネスのための経済学では，とくに企業の意思決定，企業を取り巻く環境に焦点をあてている。

●Key Words●
企業，企業の経済学，ゲーム理論，資源配分，所得分配，実証経済学，規範経済学，効率性，公平性，マクロ経済学，ミクロ経済学，市場，市場メカニズム，混合経済体制，需要と供給，国際経済

1 市場における企業の競争

　世の中には多くの企業が存在する。設立後数年もしないうちに，急成長しマスコミに大々的に取り上げられる企業もあるし，消えていく企業もある。また，企業はさまざまな意思決定を行っている。新聞をみると毎日のように，企業の記事を発見できるであろう。以下は，最近の「日本経済新聞」の見出しをいくつか取り上げたものである。

　　Ａ社，後発医薬品に参入，Ｂ社を子会社化。
　　Ｃ新会社，不採算40施設撤退。
　　Ｄ社再建策，希望退職・転籍120人―雑貨販売は撤退も，本体は玩具に特化。
　　来春のＥ社，新卒採用数3分の1に―新人事制度導入，一般職は廃止。

　これらの記事は，企業が多様な意思決定を行っていることを示している。また，これらの記事から，成功し成長している企業がある一方で，業績が伸びず，再編が必要な企業が多いこともわかる。ある企業が失敗する一方で，長期にわたって成功している企業もある。これらの背後には，どのようなメカニズムが働いているのだろうか。

（1）企業ランキングの変遷

　表1-1は，1950年，1970年，1994年および2013年における日本の大企業ランキングである。この表は，日本の企業を，資産規模の大きい順に並べたものである。ここから，なにを読みとることができるだろうか。
　まず，気づくのは，1950年の大企業と2013年の大企業のリストは大きく異なっているということである。ある時期において成功し，大企業であったとしても，時代や環境の変化によって失敗したり，衰退したりすることもある。1970年のランキングと1994年のランキングでも大きく異なっている。
　1950年代には，製鉄業，紡績業など，伝統的な産業がランキングの上位を占めている。1位，2位は八幡製鉄，富士製鉄であり，3位が鐘淵紡績（後の

表1−1 資産規模による企業ランキングの推移

順位	1950年	1970年	1994年	2013年
1	八幡製鉄	新日本製鉄	東京電力	トヨタ自動車
2	富士製鉄	三井物産	NTT	NTT
3	鐘淵紡績	三菱商事	東日本旅客鉄道	東京電力
4	伊藤忠商事	東京電力	関西電力	ソニー
5	丸紅	三菱重工業	トヨタ自動車	三菱商事
6	日本通運	丸紅飯田	三菱商事	本田技研工業
7	東洋紡績	伊藤忠商事	中部電力	日産自動車
8	日本鋼管	日立製作所	三井物産	日立製作所
9	三井鉱山	日本鋼管	松下電器産業	三井物産
10	東洋綿花	関西電力	伊藤忠商事	関西電力
11	関西電力	日産自動車	日立製作所	東日本旅客鉄道
12	大日本紡績	石川島播磨重工業	九州電力	NTTドコモ
13	日綿実業	東京芝浦電気	丸紅	パナソニック
14	江商	住友金属工業	住友商事	伊藤忠商事
15	日立製作所	住友商事	三菱重工業	東芝

出所:東洋経済新報社編『日本会社史 総覧 別巻』東洋経済新報社
(1950年, 1970年, 1994年)
日経NEEDSコーポレートガバナンス評価システム (2013年)

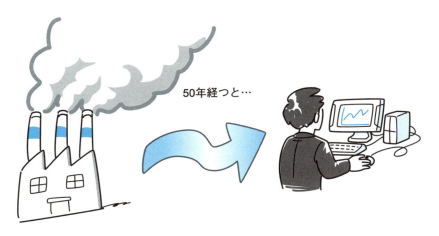

50年経つと…

カネボウ)である。1970年のランキングをみると,新日本製鉄(八幡製鉄と富士製鉄が合併)が依然として1位を占めている。1970年のランキングからは,新しく電気機器産業の東京芝浦電気(後の東芝)が,15位以内に入って

いる一方で，1950年には10位以内に入っていた鐘淵紡績，東洋紡績，東洋綿花（後のトーメン）が，大きく順位を下げるなど，産業構造が大きく変化していることがみてとれる。また，1994年のランキングでも大きな変化がある。製鉄会社にとって代わって，東京電力が1位となる一方で，電気機器，自動車などがランキングの上位に増えてきている。それに，旧電電公社や旧国鉄の民営化を受けて，NTTや東日本旅客鉄道（JR東日本）などが10位以内に位置している。2013年のランキングではトヨタ自動車が首位になっている。

この表が示している重要なことは，成功している企業は時代や環境とともに大きく変わるということである。ある特定の時期・環境のもとで成功している企業でも，他の環境では成功するとはかぎらない。また，生き残っている企業の場合でも，同じ形態・同じ事業をしていないかもしれない。企業が生き残るためには，形態を変え，事業内容をも変化させている場合が多い。実際に，1950年の上位10社のうち，合併・買収などによって，大きく組織を変化させた企業もあるし，紡績会社の事業内容が化粧品やアパレルに変化したものも観察される。

(2) 企業の成功と失敗の要因

ここで，いくつかの疑問が思い浮かぶ。成功する企業と失敗する企業は，どのように分かれるのであろうか。企業は，時代や環境の変化に応じて，どのように戦略や組織を変化させればよいのだろうか。このような疑問は，多くの研究者や実務家によって議論されている。その中でしばしば指摘されるのは，企業は時代や環境の変化に対して適応していかなければならないということである。

そのためには，企業を取り巻く経済環境や市場メカニズムを，正しく理解することが不可欠である。たとえば，企業の業績は景気の影響を大きく受ける。景気がよいときには，ほとんどの企業が良好な業績をあげている一方で，不況のときには多くの企業の業績が悪化する。企業の業績を知る際に，景気がどのように決定されるのか，政府はどのように景気対策を行うのか，どのようなときに経済政策は有効なのか，といったことを理解することは欠かせない。本書では，こういった疑問に対する答えを考えるために欠かせない，経済全体に関

する知識を提示する。

　企業の業績は他にもさまざまな要因から影響を受ける。海外との取引が活発になり，海外からの輸入品との競争が激しくなると，その産業の企業の業績が悪化することもある。為替レートの変動によって，競争条件や企業の業績も大きく変化する。

　経済や市場の状況は企業の業績に影響を与えるが，業績に最も大きな影響を与えるのは，いうまでもなく，企業の戦略や組織など，企業自身による意思決定である。企業は経済や市場の状況に応じて，無数の意思決定を行っている。新しい製品を開発するかどうか，新しい市場に参入するかどうか，新製品の価格づけをどのように行うのか，ある企業を買収するかどうか，といった意思決定の背後に，どのような論理があるのだろうか。近年，ゲーム理論や情報の経済学が発達するにつれて，これらの意思決定を体系的に考えることができるようになった。そのための基礎知識として，本書では，企業の経済学やゲーム理論を学ぶ。

2　ビジネスと経済

(1) 経済学とは

　ここでは，「経済学とはなにか」を考えてみよう。

　私たちは，衣・食・住をはじめ，レジャーや文化活動など，さまざまな欲求をもっている。また，それらの欲求はかぎりがないといえる。しかし，個人（または家計）の際限ない欲求すべてをみたすことは難しい。なぜならば，欲求をみたすために利用される「資源」（労働，資本，土地など）にはかぎりがあるからである。正確には，資源は，利用に際して対価を必要とする「経済資源」（労働，資本，土地など）と，対価を要しない「自由資源」（空気など）に分けられるが，以下では，経済資源を資源と表現する。私たちの社会では，無限の欲求と有限の資源という枠組みの中で，各種の「経済問題」が発生し，希少な資源をどのように利用したらよいか，という問題に直面している。

　換言すれば，有限の資源を利用して，「なにを生産するのか」また「いかに

して生産を実現するのか」という問題に直面している。これを資源配分（resource allocation）にかかわる問題という。

　他方，生産を実現するには，労働や資本などの資源が利用（投入）され，その対価として所得（賃金や資本レンタル料）が分配される。私たちは，無限の欲求をもちながらも，分配された所得にもとづき，その範囲内で消費を行うという制約を受けている。このように，希少な資源を前提として経済社会が構築される場合，「生産された成果を誰にどのように分け与えるのか」という問題も発生する。これを所得分配（income distribution）にかかわる問題という。

　経済学は，希少な資源を前提として，(1) 資源の配分を通じて，なにをどれだけ，いかにして生産するのか，(2) また，それを誰にどのように分配するか，を分析する学問であるといえる。言い換えれば，経済学では，「資源の配分（投入）→生産→所得の分配→消費」にいたる全般，またはそのプロセスを対象に分析が行われる。

　ところで，経済学の研究方法は，実証経済学と規範経済学に大別される。実証経済学では，データや統計を用いて客観性を重視した分析が行われ，実際の経済行動について，どのような因果関係（関数関係）が成り立つかを検証し，理論化（モデル化）を図ることに重きが置かれている。たとえば，Chapter 2 で取り上げる「需要法則」（ある財の価格が下落すれば，その財の需要量が増加する）や「供給法則」（ある財の価格が上昇すれば，その財の供給量が増加する）は，実証分析にもとづき，検証のうえでモデル化が行われている。

　他方，規範経済学では，主観にもとづき，「経済はどうあるべきか」が問題とされる。たとえば，後に取り上げる財政や金融にかかわる経済政策を発動するにあたっては，その評価を含めて規範的な視点から考察が行われる。ただし，規範的な分析は主観にもとづくため，百家争鳴に陥る可能性が否定できず，それを回避するために「基準」が設けられる。たとえば，先述の資源配分の問題に対しては，効率性（efficiency）という基準から，希少な資源を最も効率的に利用する方策が検討される。また，所得分配の問題に対しては，公平性または公正性（equity）という基準から，社会を構成する人びとの間で公平に所得を分配する方策が検討される。

　加えて，経済学は，分析の対象に応じて，マクロ経済学（macroeconomics）

とミクロ経済学（microeconomics）に分けられる。前者では，経済全体の集計量の動きに着目して，一国の所得，雇用量，物価などの変数の動向を考察する。とくに，一国全体の所得の決定に重きが置かれ，「所得理論」とよばれることもある。後者では，個人（家計）や企業の行動，個々の市場の動きに着目して，価格や取引量の決定を考察する。ここでは，とりわけ価格の決定が重視され，「価格理論」ともよばれる。

（2）ビジネスと経済学の視点

　私たちの経済社会は，基本的には，企業を単位とした生産活動や家計を単位とした消費活動によって支えられている。そして，企業や家計は，財やサービスの取引の場である市場（market）を通じて行動している。そこでは，企業活動の自由や消費選択の自由が保証され，みずからの意思決定にもとづいた活動が行われる。他方，経済活動の結果に対しては，自己責任の原則が貫かれている。

　このように，市場では，家計や企業は利己心にもとづいて自由に行動することができ，家計は消費から得られる満足度を高めるように行動し，企業は利潤を追求する。また，自由な競争社会においては，市場メカニズムが作用し，市場における需要と供給が一致するように価格が決定される。仮に需要と供給が一致しないとすれば，速やかに価格が変化する。価格の変化は，家計や企業の行動に影響を及ぼす。加えて，家計の行動は企業の行動に，企業の行動は家計の行動に影響を与える。

　市場経済では，とりわけ企業の行動に注目することが必要である。企業のビジネス活動は，市場を通じて行われる。先に述べた資源配分や所得分配の基本的な担い手は企業であり，企業は，労働や資本などの資源を投入して生産を行い，その結果，賃金などの報酬支払いを通じて所得の分配に寄与している。本書では，このような経済の基本的な役割を担い，幅広いビジネスを展開している企業の経済行動や意思決定を主要な考察対象としている。しかし，ビジネスを展開するうえでは，企業が存立する経済全体の動向をみることも不可欠である。それゆえ，本書では，企業の経済行動のみならず，それを取り巻く経済全体の分析を取り上げる。

ビジネスの基本は「ネットワーク」であり，企業はネットワークの中で活動している。企業の生産活動は私たちの消費活動にも影響を与え，反対に，私たちの消費活動は企業の生産活動に影響を与える。同時に，企業間においても，ある企業の行動は他の企業に影響を及ぼし，他の企業の活動はみずからの活動に波及する。このようなネットワークとしてのビジネスをとらえる場合，その基盤としての経済の動きを把握することが必要である。企業の活動を考えるうえで，経済の動きを無視することができないからである。これらの問題は，ミクロ経済学の分析対象でもある。

ところで，私たちの社会は，市場経済を基本に据えているが，市場経済はつねに望ましい結果だけをもたらすものではない。市場は，効率的な資源配分や公平な所得分配に対して，十分な解決策を提供するとはかぎらないからである。たとえば，経済問題を自由な活動を保証する市場に委ねた場合，独占が発生し，その弊害として価格が不当に吊り上げられる可能性がある。また，公害（これを「外部不経済」という）などの問題は市場を通じて解決することができず，警察・消防・国防（これらを「公共財」という）なども，市場を通じて取引することは難しい。さらに，所得分配の偏り，大量の失業，インフレーションまたはデフレーションといった物価の安定性を損ねる問題も発生する。

このような場合，政府は積極的に市場介入を行い，何らかの政策措置を講じる。たとえば，独占禁止法などの法整備を通じて独占の弊害を排除し，円滑な市場取引が行われるような仕組みを構築したり，政府みずからが警察・消防・国防などの公共財を提供している。また，政府は，租税や社会保障制度を通じて公平な所得分配の実現を図るとともに，財政政策や金融政策の発動を通じて完全雇用の実現（失業の解消）や物価の安定に努めている。ここで，市場経済

を基本にしつつ、政府が市場に介入する枠組みを混合経済体制とよぶ。

私たちの社会が採用している混合経済体制のもとでは、政府の市場介入は企業活動に影響を与え、反対に、企業活動も政府の行動に影響を与えることになる。つまり、ビジネスを展開する場合、市場の動向のみならず、政府の行動にも注目することが必要である。たとえば、金融政策を通じた利子率の変化は、企業の投資行動に波及するからである。税制、社会保障制度など財政面の動きも企業の活動に影響を及ぼす。このような観点から、本書では、ビジネスを取り巻く環境の1つとして、政府の行動や経済政策の発動についても取り上げている。独占、公害、公共財はミクロ経済学の分野であるが、失業の解消や物価の安定はマクロ経済学に関連する分野である。

以上のように、ビジネスを経済学の視点からとらえようとするならば、ミクロ経済学にもとづく企業行動の経済分析にとどまらず、マクロ経済学の分析を通じてビジネスを取り巻く経済全体の動向についても考察することが必要である。

3 本書でどのようなことを学ぶのか

(1) 企業や市場を中心とした分析

Chapter 2 から 5 までは、企業や市場を単位とした経済分析であり、その経済理論をミクロ経済学とよぶ。

Chapter 2 では、経済学の最も基礎的な概念である市場と競争について学ぶ。市場はビジネス（商い）の場であり、売り手と買い手はまさしく市場において相対し、交渉し、取引を行う。市場では、売り手と買い手の間はもちろん、売り手同士や買い手同士の間でも競争が行われる。売り手の状況を供給、そして、買い手の状況を需要とよび、この需要と供給の概念をもとに、市場のパフォーマンスや政府の規制の影響などを分析する。結果として、市場が競争的であるほど、市場の効率性は高まることが示される。需要と供給の分析は経済学の「いろは」であり、ビジネスパーソンにかぎらず、どの社会人にとっても最低限必要な知識であろう。

　Chapter 3 では，市場の競争に任せても，うまく機能しないケースを考える。まず，環境汚染や公共財の供給など，現実に発生している諸問題を取り上げ，その仕組みを分析する。次に，売り手と買い手がお互いについてよく知らないような場面を想定し，保険市場や中古車市場など，現実の取引例をもとに解説を行う。

　Chapter 4 では，売り手と買い手というよりも，個人あるいは各企業の行動に注目する。たとえば，2 人の個人，あるいは，2 つの企業が明確なライバル関係にあるような場合（将棋など）を考える。すると，お互いに相手の最適な行動を予測しながら，自分の最適な行動を決定しようとするだろう。これが戦略的分析すなわちゲーム理論による分析であり，ビジネスの現場における応用が高く期待される内容である。

　Chapter 5 では，まず，企業組織の仕組みを解説する。代表的な企業体としての株式会社を中心に取り上げ，企業内部における経営者と所有者の関係について解説する。また，現在価値の概念をもとに，株価の決定についても説明する。そして，伝統的なミクロ経済学における企業像と企業理論を学ぶ。最後に，これらの知識を前提にして，日本企業の特徴を考えてみる。この Chapter は企業や会社を対象とする内容であり，ビジネスのための経済学の中心課題の 1 つといえる。

(2) 国単位の経済や国際経済を中心とした分析

Chapter 6 から 9 までは，国単位の経済や国際経済についての分析であり，国単位の経済理論をマクロ経済学とよぶ。

Chapter 6 では，まず，日本経済の過去から現在までの動きをデータにもとづき概観する。マクロ経済学における代表的な統計数値であるGDP（国内総生産）の概念を学び，その後，実際にデータをみながら，日本経済の好調（平成バブルなど）や不調（オイルショックや平成不況など）の変遷を観察する。また，物価，失業，貨幣量，為替レートなど，その他の重要な経済指標の動きもあわせて観察する。おそらく，どの読者にもわかりやすく，かつ興味深い内容であろう。

Chapter 7 では，最初に，マクロ（一国）の経済活動を家計，企業，政府，外国という4つの経済主体の活動に単純化して説明する経済循環という概念を導入する。次に，Chapter 6 で学んだGDPの概念を応用して，GDP決定理論を説明する。最後に，Chapter 2 で学んだ需要と供給の理論を組み入れることにより，マクロ経済の仕組みを1つの大きな市場の動きとして理解する。

Chapter 8 の前半では，マクロ経済における最大の意思決定体である政府の収入や支出に注目する。国の収入源として税制や国債など，そして，支出先として社会保障制度（年金・医療を含む）など，国の重要な活動について解説する。さらに，特別会計，郵便貯金，地方財政など，将来の日本にとって重要な諸問題も取り上げる。この章の後半では，金融の働きを考える。まず，日常生活に深く入り込んでいて，その存在自体が当たり前のようになっているお金（貨幣）について，あえて経済学的に再検討を行う。そして，貨幣供給の仕組みと日本銀行（中央銀行）の役割を解説する。最後に，金融市場全体における日本銀行の政策を詳しく取り上げる。

Chapter 9 では，国際経済を考える。まず，国と国との間の財の取引である国際貿易を取り上げ，貿易理論の基礎を学ぶ。結果として，貿易参加国にとって，自由貿易が最も望ましい形であることが示される。次に，マクロ（一国）の国際取引をまとめた国際収支について概説する。さらに，Chapter 2 で学んだ需要と供給の理論やChapter 7 で学んだGDP決定理論をもとに，国際貿易の

影響を分析する。代表的な国際金融市場として，外国為替市場における為替レートの決定についても学ぶ。

　これまで学んだ内容を前提として，Chapter 10は簡単なまとめとなっている。ビジネスの勝者と敗者の問題を中心に，貧困問題や環境問題などについてビジネスの役割とその限界について解説している。さらに，情報化社会の未来におけるビジネスパーソンの使命についても触れている。

Problems

1．企業の競争に関して，以下の問いに答えなさい。
　（1）最新の企業データを用いて，日本企業の資産規模ランキングを作成しなさい。
　（2）過去のランキングと比較して変化した理由はなにか。マクロ経済的な側面，産業固有の要因，企業固有の要因に分けて議論しなさい。
2．ビジネスと経済との関係を，企業行動や企業を取り巻く環境という観点から論じなさい。
3．最近の経済に関する新聞記事を読み，興味を引く記事を3つ選びなさい。そして，この教科書でこれから学ぶテーマに関して，その内容を要約し，疑問点をはっきりさせなさい。

Chapter 2

市場と競争

　今日では，日本・アメリカ・ヨーロッパ諸国など，世界の多くの国々が市場経済体制をとり，経済問題の解決は，基本的には，市場における自由な活動に任せるというシステムになっている。企業も，市場のもとで活動している。そこで，本章では，「市場」の仕組みと機能について考えてみる。

　まず，市場と競争形態について述べる。次に，市場の需要曲線と供給曲線を導き，価格調整メカニズムにより市場の均衡が実現し，そこで市場の価格と取引量が決まることを明らかにする。また，需要や供給の変化が，市場の均衡に与える影響を検討する。

　その後，消費者余剰と生産者余剰について説明する。そして，これらの余剰の大きさからみて，完全競争市場では効率的な資源配分になるが，不完全競争市場では資源配分は非効率になることを示す。さらに，政府の価格規制や課税はどのような結果を引き起こすのかを考察する。

●Key Words●
市場，完全競争，不完全競争，需要曲線，供給曲線，市場均衡，超過需要，超過供給，市場の価格調整メカニズム，需要と供給の変化，弾力性，経済余剰，消費者余剰，生産者余剰，資源配分の効率性，パレート最適，価格規制，消費税

1 市場とは

はじめに,「市場」の意味と競争形態について説明する。

(1) 市場の意味

私たちの社会では,政府も重要な経済的役割を果たしているが,経済システムの基本は市場経済にある。市場経済のもとでは,原則的に,企業も家計(消費者,労働者)も利己心にもとづき,自由に経済活動をすることができる。

「市場」という言葉は,日常的には,青果市場・証券市場など,特定の財・サービス(簡単に,財という)を専門的に売買する取引所や,朝市・フリーマーケットなど,さまざまな財を取引する特定の場所をさすことが多い。

しかし,より一般的にいうと,市場(market)とは,売り手と買い手が出会い,財の取引が行われる場を意味する。スーパーマーケットで食料を買ったり,鉄道やバスを利用して通勤や旅行をしたり,また通信販売やインターネットで衣服や車を売り買いするなど,売り手と買い手が何らかの形で接触して,財の取引がなされるとき,そこに市場が存在するとみるのである。

このように,市場は,地理的に限定された場所をさす場合もあるし,場所は特定せずに大きな広がりをもつ場合もある。

(2) 市場の競争形態

市場は,表2-1のように,売り手(企業)側の競争形態によって,いくつかに分類できる。

まず,完全競争(perfect competition)とは,小規模の企業が数多く存在し,各企業の販売する財は同種で,また,すべての企業が財の価格や品質,市場の状況などについて完全情報をもち,市場への参入・市場からの撤退が容易であるような市場のことである。コメ・野菜・くだものなどの農産物,魚介・海藻類の水産物,株式,外国為替などの市場が,これにほぼあてはまる。

完全競争のもとでは,個々の企業の取引量は,市場全体からするとほんのわずかにすぎず,各社の行動が市場の価格に目立った影響を与えることはない。

表2−1　市場の競争形態

競争の種類	企業の数	企業の価格支配力	製品	例
完全競争	多数	なし	同質	農産物，株式
不完全競争				
独占的競争	多数	ある程度あり	差別化	衣料品，飲食店
寡占	少数	かなりあり	差別化／同質	家電製品，自動車／鉄鋼，石油
独占	1社	あり	同一	電力，水道

むしろ，それぞれの企業は，市場の価格を目安にしてみずからの生産量・販売量を決めるという，プライス・テイカー（価格受容者）の立場にある。

次に，完全競争の条件があてはまらない市場はすべて，不完全競争（imperfect competition）という。現実の市場は，ほとんどが不完全競争の状態にある。不完全競争のもとでは，各企業は市場価格に対して何らかの支配力をもち，みずからが価格を決めることのできるプライス・メイカー（価格設定者）として行動する。

不完全競争の中で，とくに企業が1社だけの市場は独占（monopoly）という。たとえば，規模の経済性が大きい電力・ガス・水道などの分野では，公益事業として独占の形態をとっている。また，ごく少数の大企業からなる市場を寡占（oligopoly）とよぶ。そのうち，家電製品，自動車，テレビ放送など消費財の分野では，製品の差別化が著しいが，鉄鋼，石油，半導体など生産財の分野では，製品差別化はほとんどみられない。さらに，企業は多数かつ小規模で，この点は完全競争に似ているが，それぞれの企業が幾分異なる財を販売している市場は，独占的競争（monopolistic competition）といわれる。衣料品，雑誌，飲食店，コンビニ・スーパー，学習塾など，多くの分野がこれに該当する。

2　市場の需要と供給

市場は買い手と売り手から構成されている。そこで，市場の買い手（需要）側と売り手（供給）側を，完全競争的な市場を念頭に置きながら，順にみていくことにする。

(1) 需要曲線

はじめに、市場の買い手側の状況を考えてみる。ここでは、ハンバーガーを例にとる。ハンバーガー市場の買い手（消費者）が、ハンバーガーをどれだけ購入しようとするかは、実際には、ハンバーガーの価格をはじめ、他のおにぎりやサンドイッチの価格、消費者の所得や好み、天候、宣伝・広告など、さまざまな要因の影響を受ける。このように、消費者が購入しようと欲する数量は数多くの要因に依存するが、なかでも、ハンバーガーそのものの価格が最も重要と思われる。

表2－2の第1, 2欄には、ハンバーガー市場の価格（ハンバーガー1個あたりの値段）と需要量（各価格のもとで、買い手が購入しようと欲するハンバーガーの数量）との関係〈仮設例〉が示してある。ハンバーガーの価格が低いときには需要量は大きく、逆に、価格が高くなるにつれて、需要量は次第に少なくなっていく。なぜなら、ハンバーガーの価格が高くなると、消費者は割高になったハンバーガーに代えて、おにぎりやサンドイッチなど割安になった別の商品を買うようになる。加えて、価格の上昇は消費者の所得の実質購買力を低下させ、以前と同じ数だけハンバーガーを購入する資金的ゆとりがなくなるからである。

以上のように、市場の価格と需要量が反対方向に動く傾向は、ほぼすべての財にあてはまり、これを需要法則という。このような価格と需要量の関係を、縦軸に価格、横軸に数量をはかった図に描いたものが、需要曲線（demand

表2－2　ハンバーガーの需要・供給表〈仮設例〉

価格	需要量	供給量	超過需要（＋）, 超過供給（－）
50 円	600 個	0 個	＋600 個
100	500	100	＋400
150	400	200	＋200
200	300	300	0
250	200	400	－200
300	100	500	－400
350	0	600	－600

図2-1 ハンバーガーの需要曲線と供給曲線

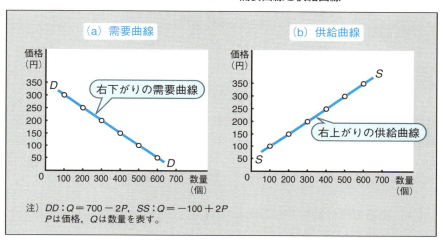

注) $DD: Q = 700 - 2P$, $SS: Q = -100 + 2P$
Pは価格，Qは数量を表す。

curve) である。需要曲線は一般に，需要法則を反映して，図2-1(a)の直線DDのように右下がりの形で表される。

(2) 供給曲線

次に，市場の売り手側の状況をみることにする。ハンバーガー市場の売り手（企業）がどれだけ販売しようとするかは，いろいろな要因に左右される。ハンバーガーの価格をはじめ，他の代替的な食品の価格，生産にかかる費用，生産技術の状態，天候，企業の目標，政府の規制など，多くの要因が影響する。このように，売り手が販売しようと欲する数量もさまざまな事柄に依存するが，最も重要な要因は，ハンバーガーそのものの価格と考えられる。

表2-2の第1, 3欄には，ハンバーガー市場の価格と供給量（各価格のもとで，売り手が販売しようと欲するハンバーガーの数量）の関係〈仮設例〉が示してある。これらの数値から，ハンバーガーの価格が低いときには供給量は少なく，価格が高くなるにつれて，供給量は増えることが観察できる。その理由は，価格が高くなると販売収入が増えて，利潤の増加が期待できるので，売り手はもっと多く売ろうとするからである。

すなわち，市場の価格と供給量は同じ方向に動く傾向がみられ，これを供給

法則という。このような価格と供給量の関係を図示したものが，供給曲線（supply curve）である。供給曲線は普通，図2－1(b)の直線SSのように右上がりの形で描かれる。

市場の均衡

前節で説明した市場の需要と供給を結びつけることにより，市場の価格と取引量が，どのように決定されるのかを明らかにすることができる。ここでは，ハンバーガー市場は競争的で，価格は上下どちらの方向にも，伸縮的に変化するものと考える。

（1）市場の価格調整メカニズム

先の表2－2と，市場の需要曲線DDと供給曲線SSを同一の図に描いた図2－2をみよう。たとえば，ハンバーガーの価格が100円ならば，需要量は供給量を400個だけ上回り，超過需要（供給不足）が生じる。この場合，買い手はもっと高い値を払っても手に入れたいと思うし，売り手は値段を上げても売れると判断する。いわゆる売り手市場の状態になり，市場価格に上昇圧力が

図2－2　ハンバーガー市場の均衡

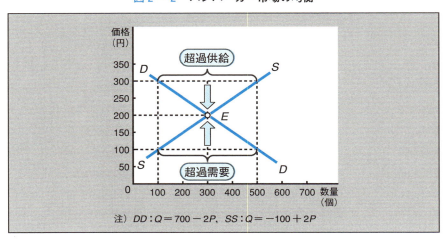

注）$DD: Q = 700 - 2P$，$SS: Q = -100 + 2P$

加わり，価格は上がる。すると，需要量は減少，供給量は増加して，超過需要は次第に小さくなっていく。

反対に，ハンバーガーの価格が300円だとすれば，供給量は需要量を400個だけ上回り，超過供給（需要不足）となる。買い手は値下げを望むし，売り手は売れ残りを防ぐためこれに応じる。つまり，買い手市場の状態になり，市場には価格を押し下げる力が働き，価格は下がる。その結果，供給量は減少，需要量は増加して，超過供給は次第に小さくなっていく。

このような調整を経て，市場はついには，需要と供給が一致するところ（図2-2では，需要曲線DDと供給曲線SSの交点E）に落ち着き，価格は200円に，取引量は300個の水準に決まる。そこでは，売り手が販売しようとする数量は買い手が購入したい数量に等しく，売り手と買い手の両方が満足し，市場価格にはもはや上昇圧力も下降圧力もない状態になる。この状態を市場均衡（market equilibrium）という。また，そのときの価格と取引量を，とくに，均衡価格（あるいは，市場清算価格），均衡取引量（簡単に，均衡量）とよぶ。

以上のように，価格の変化により，需要と供給の不一致が解消されて，市場の均衡が実現する仕組みを，市場の価格調整メカニズムという。

（2）需要と供給の変化

では，需要や供給に変化が生じたとき，市場の均衡価格や均衡取引量はどのような影響を受けるのかを検討する。

いま，図2-3(a)において，ハンバーガーの市場は需要曲線DDと供給曲線SSの交点Eで，均衡しているとする。このとき，たとえば，好況による消費者の所得上昇や，ハンバーガーに対する好みの高まり，宣伝・広告の効果，ハンバーガーと競争関係にある代替財（おにぎり，サンドイッチ，フライドチキンなど，同種の欲求をみたす財で，相互に消費の代用が可能なもの）の価格上昇，ハンバーガーの補完財（フライドポテトやコーラなど，両者が結合して消費される財）の価格下落などがあったとする。

このような変化が起こると，消費者はハンバーガーの価格自体に変化はなくても，購入量を増加させようとする。つまり，需要の増加が生じて，ハンバーガーの市場需要曲線は右にシフトして，DDからD'D'に移る。そのため，当初

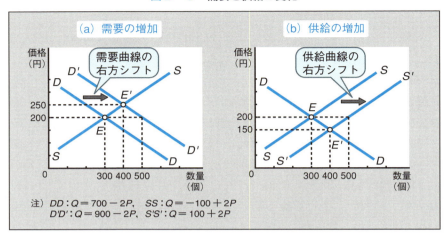

図2-3 需要と供給の変化

注）$DD : Q = 700 - 2P$,　$SS : Q = -100 + 2P$
　　$D'D' : Q = 900 - 2P$,　$S'S' : Q = 100 + 2P$

の価格200円では，200個の超過需要が発生し，価格は上がる。これに応じて，供給が増え，需要は抑えられる。結局，新しい市場均衡は，需要曲線$D'D'$と供給曲線SSが交差するE'点で実現する。この結果，ハンバーガーの価格は200円から250円に上昇し，取引量は300個から400個に増加する。

　反対に，ハンバーガーの需要の減少（つまり，各価格のもとで，消費者が購入しようとする数量が減少すること）が起きると，ハンバーガーの需要曲線は左にシフトする。その結果，均衡価格は低下，均衡取引量は減少する。

　次に，ハンバーガーの製法技術の改善や，原材料・労働コストの低減，ハンバーガーと生産面で代替関係にある食品の価格下落，税制面の優遇措置などが起こったとする。この場合，売り手はハンバーガーの価格に変化はなくても，供給量を増加させようとする。このような供給の増加により，ハンバーガーの市場供給曲線は右にシフトして，図2-3（b）では，SSから$S'S'$へと移る。

　その結果，当初の価格200円では，200個の超過供給が生じ，価格は下がる。このため，需要が増えて供給は減り，超過供給の程度は小さくなる。このような調整を経て，やがて新しい市場均衡が供給曲線$S'S'$と需要曲線DDの交点E'で実現する。変化前と比べて，ハンバーガーの価格は200円から150円に下がり，取引量は300個から400個に増加する。

Column

需要と供給の弾力性

　需要や供給が，さまざまな変化にどのように反応するかを，より厳密に考察するには，弾力性という概念を使う。実際には，いろいろな弾力性の概念があるが，ここでは，そのうちいくつかを紹介しておく。

●**需要の価格弾力性**

　需要量の変化率（変化の割合）を，その変化を引き起こした価格の変化率（変化の割合）で割った値。これは，価格が変化したとき，需要量がどれだけ反応するかを示す指標で，価格が1％変化すると，需要量が何％変化するかではかられる。たとえば，携帯電話1台の価格が1万円から9千円に下がり，需要量は10万台から12万台に増えたとする。このとき，価格の変化率は10％，需要量の変化率は20％だから，携帯電話の需要の価格弾力性は2である。

●**需要の所得弾力性**

　需要量の変化率を，その変化を引き起こした所得の変化率で割った値。これは，所得が変化したとき，需要量がどれだけ反応するかを示す指標で，所得が1％変化すると，需要量が何％変化するかではかられる。たとえば，家計の月平均所得が50万円から55万円に増え，レストランで食事をする回数が月平均5回から7回に増えたとする。このとき，所得の変化率は10％，需要量の変化率は40％だから，レストランに対する需要の所得弾力性は4である。

●**供給の価格弾力性**

　供給量の変化率を，その変化を引き起こした価格の変化率で割った値。これは，価格が変化したとき供給量がどれだけ反応するかを示す指標で，価格が1％変化すると，供給量は何％変化するかではかられる。たとえば，レタス1個の価格が100円から120円に上がり，供給量は200個から220個に増えたとする。このとき，価格の変化率は20％，供給量の変化率は10％だから，レタスの供給の価格弾力性は0.5である。

　反対に，ハンバーガーの供給の減少（つまり，各価格のもとで，売り手が販売しようとする数量が減少すること）が起きると，ハンバーガーの供給曲線は左にシフトして，均衡価格は上昇，均衡取引量は減少する。

消費者余剰と生産者余剰

実際,市場では,自発的に交換・売買などの取引が行われている。それは,取引の当事者双方にとって利益があるからである。この市場取引から発生する利益を,広く経済余剰という。

(1) 消費者余剰

まず,市場取引により買い手に発生する利益を考えてみる。いま,オレンジの買い手が4人いて,それぞれ1個ずつ購入したいと思っているとする。ただし,Aさんはオレンジ1個あたり最高250円まで,Bさんは200円,Cさんは150円,Dさんは50円まで支払ってもよいと思っている。このとき,図2-4(a)のように,オレンジの価格が100円ならば,A,B,Cの3人はオレンジを1個ずつ購入する。Dは支払ってもよいと思う最高額より,オレンジの価格が高いので買わない。

その結果,Aさんは250円支払う意志があったのに,実際は100円の支払いですんだから,150円の利益を得たといえる。同様に,Bさんは100円,Cさんは50円の利益を得る。そして,買い手全体では,合計300円の利益が発生したことになる。このように,市場取引により買い手(消費者)に生じる利益を,消費者余剰(consumer's surplus)とよぶ。これは,消費者が,ある財に対して支払ってもよいと思う最大額から,実際に支払った金額を差し引いた値である。

図2-4(b)には,普通の滑らかな右下がりの直線で,オレンジの市場需要曲線DDが描いてある。価格がP_Eのとき,消費者はオレンジをQ_E量だけ購入する。需要曲線は,第2節で説明したとおり,通常は,価格の各水準のもとでどれだけの需要量があるかを示す。しかし,これを逆向きに解釈すれば,消費者はオレンジ1個に対して,最大どれだけの価格を支払ってもよいと思うか,つまり,消費者の限界価値の大きさを表す。

すると,需要曲線DDの下の面積$OAEQ_E$は,消費者がQ_E量のオレンジを得るために支払ってもよいと思う最大額を表す。また,消費者がQ_E量のオレン

図2-4 消費者余剰の計測

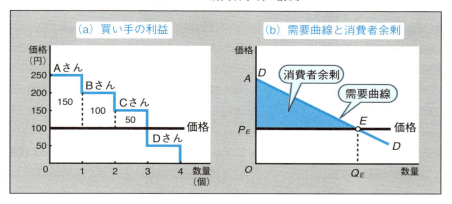

ジを手にするため実際に支払う金額は、市場の価格P_Eに購入量Q_Eを掛けた値であるから、四辺形OP_EEQ_Eの大きさになる。

したがって、消費者余剰は、面積$OAEQ_E$から面積OP_EEQ_Eを差し引いた値、つまり、ブルーの部分（三角形AEP_Eの面積）に等しい。言い換えると、需要曲線DDよりも下で、価格P_Eの高さで水平な線よりも上の部分が、消費者余剰の大きさを表す。

(2) 生産者余剰

次に、市場取引から売り手に発生する利益を説明する。いま、ワインの醸造企業は4社あり、各社が1本ずつ販売したいと思っているとしよう。ただし、企業A、B、C、Dがワイン1本の生産に要する費用（供給する際の最低価格）は、それぞれ500円、1000円、1500円、2500円とする。このとき、図2-5 (a) のように、ワインの価格が2000円ならば、価格が費用を上回るA、B、Cの3社が、ワインを1本ずつ供給する。

その結果、A社は500円以上なら売るつもりであったのが、実際には2000円で売れたのであるから、1500円の利益を得たといえる。同様に、B社は1000円、C社は500円の利益を得る。売り手全体では、合計3000円の利益が発生したことになる。このように、市場取引から売り手（生産者、企業）に生じる利益を、生産者余剰（producer's surplus）とよぶ。これは、企業が、あ

図2−5 生産者余剰の計測

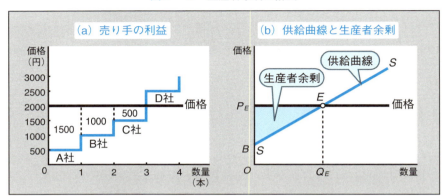

る財を供給して実際に受け取る金額から,それを生産・供給するために最小限受け取る必要のある金額を差し引いた値である。

図2−5(b)には,普通の滑らかな右上がりの直線で,ワインの市場供給曲線SSが描いてある。価格がP_Eのとき,醸造企業はワインをQ_E量だけ供給する。供給曲線は,普通,価格の各水準についてどれだけの供給量があるかを示す。しかし,これを逆向きにみると,企業が供給する各単位について,最低どれだけ受け取る必要があるか,つまり,企業の限界費用(財を1単位余分に供給するのにかかる費用の増加分)を表す。

その場合,供給曲線SSの下の面積$OBEQ_E$は,企業がQ_E量のワインを醸造する際ぜひとも回収しなくてはならない費用にあたる。また,企業の総収入は,市場の価格P_Eと供給量Q_Eを掛けた値であるから,四辺形OP_EEQ_Eの大きさに等しい。

したがって,生産者余剰は,面積OP_EEQ_Eから面積$OBEQ_E$を差し引いた値,つまり,ブルーの部分(三角形BEP_Eの面積)に等しい。言い換えると,供給曲線SSよりも上で,価格P_Eの高さで水平な線よりも下の部分が,生産者余剰の大きさを表す。

5 市場の効率性

前節で説明した消費者余剰と生産者余剰を使い，市場の競争形態は，資源配分の効率性（希少な経済資源が有効に利用されていること）に対して，どのような意味合いをもつのかを検討する。

（1）完全競争市場の効率性

まず，完全競争下の市場均衡（簡単に，競争均衡という）において，経済余剰の大きさはどうなるのかをみる。

図2－6は，先の図2－2と同じく，ハンバーガー市場の需要曲線DDと供給曲線SSを示す。市場が完全競争の状態にあれば，市場均衡は両曲線の交点Eで実現し，均衡価格はP_E，均衡取引量はQ_Eになる。

このとき，消費者余剰は，消費者がQ_E量を得るために支払ってもよいと思う最大の金額（面積$OAEQ_E$）と，実際に支払う金額（面積OP_EEQ_E）との差，すなわち，濃いブルー部分（三角形AEP_E）で表される。

一方，生産者余剰は，企業がQ_E量の財を供給することにより得る総収入

図2－6 完全競争市場と経済余剰

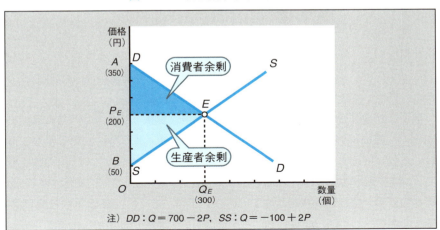

注）$DD: Q = 700 - 2P$, $SS: Q = -100 + 2P$

（面積OP_EEQ_E）と，回収が不可欠な費用（面積$OBEQ_E$）との差，すなわち淡いブルー部分（三角形BEP_E）によって示される。

その結果，市場全体の総余剰（消費者余剰と生産者余剰の合計）は，三角形ABEの大きさになる。言い換えると，競争均衡の経済余剰は，市場均衡点Eまでの需要曲線DDと供給曲線SSによって囲まれた部分で示される。

図2-6の数値例では，消費者余剰は，（350-200）円×300個÷2＝2万2500円になる。また，生産者余剰は，（200-50）円×300個÷2＝2万2500円である。さらに，完全競争市場の総余剰は，（350-50）円×300個÷2＝4万5000円になる（もちろん，消費者余剰の値と生産者余剰の値を足して求めてもよい）。

このように，完全競争のもとでは，市場均衡点Eに対応する取引により，三角形ABEに見合う経済余剰が社会にもたらされる。そして，市場の取引量が完全競争下の均衡量Q_Eより少なくても多くても，経済余剰は三角形ABEの大きさよりも必ず小さくなる（この点は，次項以降で具体的に示す）。したがって，「完全競争下の市場均衡において経済余剰は最大となり，その意味で，完全競争市場のもとでは効率的な資源配分が実現する」といえる。

（2）不完全競争市場の非効率性

さて，ハンバーガー市場が不完全競争の状態にあれば，価格，取引量，経済余剰はどうなるのであろうか。

不完全競争下の企業は，市場価格に対して何らかの支配力をもち，一般に，供給量を抑えて価格を吊り上げることにより，利潤の最大化を図る。その結果，図2-7において，市場の取引量は，完全競争下の均衡量Q_Eより少ないQ_1，また，価格は均衡価格P_Eより高いP_1のような水準になる。

取引量がQ_1のときには，需要価格（買い手が支払ってもよいとする最大の価格で，買い手の限界価値を表す）はC点の高さ，供給価格（売り手がどうしても受け取る必要のある価格で，売り手の限界費用を表す）はF点の高さであり，需要価格は供給価格を上回る。この場合，取引量をさらに増加させれば，両者の差額分だけ経済余剰は増加し得る。すなわち，取引量をQ_1からQ_Eの水準まで増加させれば，経済余剰は三角形CEFの大きさだけ増加し得る。

図2−7 不完全競争市場と経済余剰

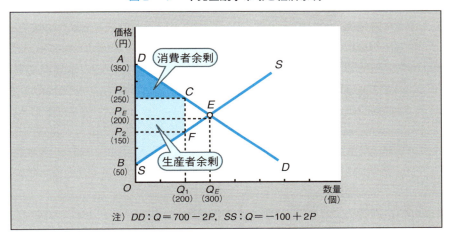

注）$DD: Q = 700 - 2P$, $SS: Q = -100 + 2P$

　結局，ハンバーガー市場が不完全競争の場合には，完全競争の場合と比べて，経済余剰は三角形 CEF の大きさだけ小さい。その意味で，「不完全競争市場のもとでは，資源配分は非効率的である」といえる。

　さらに，図2−7にもとづき，不完全競争の場合の経済余剰を具体的に示しておく。ハンバーガー市場の供給量が Q_1 のとき，価格は P_1 の水準だから，消費者が，Q_1 量のハンバーガーを得るのに支払ってもよいと思う最大額は，四辺形 $OACQ_1$ の大きさで，また，実際に支払う金額は，四辺形 OP_1CQ_1 の面積で表される。ゆえに，消費者余剰は両者の差，濃いブルー部分（三角形 ACP_1）に縮小する。これを計算すると，消費者余剰は，（350−250）円×200個÷2＝1万円になる。

　一方，売り手が Q_1 量を供給することから受け取る収入は，四辺形 OP_1CQ_1 の大きさで，また，回収すべき最低額は四辺形 $OBFQ_1$ の面積で示される。だから，生産者余剰は両者の差，淡いブルー部分（四辺形 $BFCP_1$）に拡大する。この台形の面積を計算すると，生産者余剰は，（100＋200）円×200個÷2＝3万円である。

　その結果，総余剰は消費者余剰と生産者余剰の和，つまり，台形 ABFC の面積に等しく，4万円になる。不完全競争市場では，完全競争市場と比べ，消費

者余剰は減少，生産者余剰は増加，総余剰は減少することがわかる。

Column

効率性の基準：パレート最適

本文では，効率性の問題を経済余剰の大きさに注目して検討したが，より一般的には，効率性を判断する基準として，パレート最適（Pareto optimum）という概念が使われる。パレート最適とは，「財や生産要素の配分をどのように変えても，もはや社会構成員の誰かの状態を悪化させることなくしては，どの個人も改善しえない状態のこと」である。

たとえば，図2-6の完全競争市場の均衡（E点）では，買い手と売り手の経済余剰の合計が最大になっている。だから，買い手と売り手の経済余剰が，ともに，これ以上増加することはありえない。また，一方の余剰は変わらずに，もう一方の余剰が増加するという可能性もない。もはや，他の人を犠牲にすることなしには，誰の状態もよくはなりえない状況になっているから，完全競争市場の均衡はパレート最適である。

これに対し，図2-7のように，市場が不完全競争の状態で，取引量が完全競争下の均衡量よりも少ない場合には，総余剰が増加する余地が残されている。その場合，買い手と売り手の両方，あるいは少なくとも一方の経済余剰を，さらに増加させることが可能である。こうした状態は非パレート最適であり，効率的な資源配分は実現していない。

なお，パレート最適の基準は，あくまで資源配分の効率性からみて，社会的に望ましい状態を判断するもので，所得分配の公正さを考慮したものではない。極端な場合，特定の個人が社会の財をすべて所有している状態も，この人が真の利他主義者でないかぎり，パレート最適になる。

したがって，分配の公正さを判断するには，別の基準が必要となる。ただし，公正とはなにかという点については，平等な分配，貢献に応じた分配，各人の必要度に応じた分配，社会の最下層の人びとの状態改善など，さまざまな考え方があり，統一的な公正の基準は見いだしにくい。

6 政府の価格規制と課税

これまでは，政府のことは考えず，市場の価格は，需要と供給の状態によって決まるとした。しかし，政府が市場の取引価格を規制したり，消費税を課す場合には，どのような結果になるのかを考えてみる。

(1) 価格の上限の規制

政府は，市場で決まる価格を高すぎると判断して，価格の上限を法的に定め，それ以下の価格で取引するように規制することがある。物価安定のための賃金・価格の規制，公共料金の規制，非常時の物価統制などがこれにあたる。

図2－8は，ガソリンの市場需要曲線DDと市場供給曲線SSを表すものとする。競争的な市場では，需要と供給はE点で一致し，均衡価格はP_E，均衡取引量はQ_Eになる。しかし，政府はガソリン価格を抑えるため，市場の取引価格の上限（最高水準）を，P_0の水準に規制したとする。

この規制価格は，市場の均衡価格P_Eよりも低いため，買い手は需要量をQ_2に増加させる一方，売り手は供給量をQ_1に減少させる。したがって，市場では（$Q_2－Q_1$）の超過需要が生じ，ガソリン不足の状態になる。その結果，多

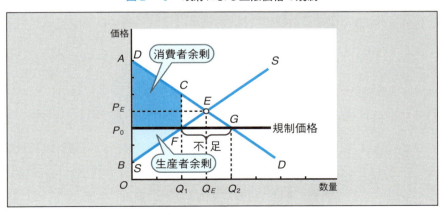

図2－8　政府による上限価格の規制

くの人がほしいだけのガソリンを入手できなくなる。配給制の実施が必要になるかもしれない。また、闇市場での不法な取引が横行しかねない。

以上の価格規制のもとでは、市場の取引量は均衡取引量Q_Eより低いQ_1の水準になる。そのため、売り手の生産者余剰は淡いブルー部分(三角形BFP_0)に縮小する。また、買い手がQ_1量のガソリンを得るのに支払ってもよいと思う最大額は四辺形$OACQ_1$の面積、実際に支払う金額は四辺形OP_0FQ_1の面積であるから、消費者余剰は濃いブルー部分(四辺形$ACFP_0$)になる。その結果、総余剰は台形$ABFC$の面積となる。

したがって、政府の価格規制のない競争均衡の状況(E点)と比べて、経済余剰は三角形CEFの面積分だけ小さい。価格規制のため、効率的な資源配分の実現が妨げられていることがわかる。

このように、政府による市場価格の規制は、所期の政策目的とは別に、資源配分や所得分配の面で、好ましくない問題を引き起こす傾向がある。

(2) 消費税の影響

今度は、政府が消費税を課す場合、どのような結果になるのかを検討する。

図2-9の直線DDとSSは、パソコンの市場需要曲線と市場供給曲線を示すものとする。市場が競争的ならば、需要と供給の一致するE点で、均衡価格はP_E、均衡取引量はQ_Eになる。このとき、政府は売り手から、販売したパソコン1台につき、T円の消費税を徴収することに決めたとする。

買い手は直接、税金を払わないから、パソコンの価格と需要量との関係に変化はなく、市場の需要曲線DDは課税前と変わらない。しかし、売り手にとっては、1台あたりT円の消費税分だけ余計にコストがかかる。このため、従来の供給価格に、消費税分を上乗せする必要がある。したがって、市場の供給曲線は消費税分だけ上にシフトし、SSからS_1S_1に移る。それに伴い、市場均衡はE点からE_1点に変わり、パソコンの価格はP_EからP_1に上昇、取引量はQ_EからQ_1に減少する。

この場合、買い手は課税前と比べて、パソコン1台につき(P_1-P_E)円だけ多く支払う。つまり、消費税の一部は買い手に転嫁される。一方、売り手は1台あたりP_1円で販売するが、消費税T円を政府に納めるので、売り手が実

図2−9 消費税の影響

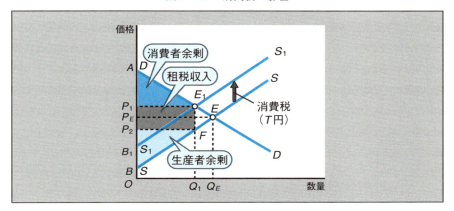

際に受け取るのはP_2円である。売り手も，実質的に（$P_E - P_2$）円分の消費税を負担する。

　以上のように，政府が消費税を課すと，市場の価格調整メカニズムによって，一般に価格は上昇し，取引量は減少する。そして，直接の納税者である売り手だけではなく，買い手も税を負担する結果になる。

　ところで，消費税により，パソコンの価格は上がり，取引量は減少するので，消費者余剰は濃いブルー部分（三角形AE_1P_1）に縮小する。また，売り手が実際に手にするのは，パソコン1台につきP_2円であるから，生産者余剰は淡いブルー部分（三角形BFP_2）で示される。さらに，政府に租税収入という利益が発生する。政府の税収は，パソコン1台あたりの消費税に販売量を掛けた額であるから，グレー部分（四辺形$P_1E_1FP_2$）になる。

　市場全体の経済余剰は，消費者余剰と生産者余剰と租税収入の合計であるから，台形$ABFE_1$の面積で表される。消費税のない競争均衡の状況（E点）と比べて，総余剰は三角形EE_1Fの面積分だけ小さい。政府がパソコンに消費税を課すと，市場の取引量は減少し，市場の効率性が損なわれることがわかる。

Problems

1. 必需品（主食，日用雑貨，光熱など）と非必需品（高級ブランド品，海外旅行，娯楽など）について，需要曲線と需要の弾力性はどのような特徴をもつかを説明しなさい。
2. 供給が固定的なもの（土地，天然資源，農産物など），および供給が可変的なもの（多くの工業製品，パートタイマーの労働供給など）について，供給曲線と供給の価格弾力性はそれぞれどのようになるかを考えなさい。
3. 需要法則，供給法則があてはまらない例外的なケースをあげなさい。
4. DVDプレーヤーの市場需要曲線は $Q=100-10P$，また，市場供給曲線は $Q=-40+10P$ で表されるものとして，以下の問いに答えなさい。ただし，P は価格（単位は万円），Q は数量（単位は万台）を示す。
   (1) 完全競争市場の均衡価格と均衡取引量はいくらか。
   (2) 価格の各水準について，100万台の需要増加が起きたとすれば，均衡価格と均衡取引量はいくらになるか。
   (3) 反対に，価格の各水準について，60万台の供給増加が起きたとすれば，(1)と比べて，均衡価格と均衡取引量はどのように変わるか。
5. 最低賃金の制定や農産物の価格維持は，政府が市場で決まる価格を低すぎると判断して，取引価格の下限（最低水準）を法的に定め，それ以上の価格で取引するように規制するものである。このような下限価格の規制は，どんな結果を引き起こすかを説明しなさい。
6. アイスクリームの市場需要曲線は $Q=360-2P$，また，市場供給曲線は $Q=-40+2P$ で表されるものとして，以下の問いに答えなさい。ただし，P は価格（単位は円），Q は数量（単位は万箱）である。
   (1) 完全競争市場の均衡価格と均衡取引量はいくらか。また，そのときの消費者余剰，生産者余剰，総余剰はそれぞれいくらか。
   (2) 政府がアイスクリーム1箱あたり20円の消費税を売り手から徴収する場合，市場の価格と取引量，および消費者余剰，生産者余剰，政府の税収，総余剰は，おのおのいくらになるか。

Chapter 3

市場の失敗

　企業の活動の場である市場が，完全競争の状態にあれば，効率的（パレート最適）な資源配分が実現する。けれども，市場が不完全競争の状態にあったり，政府が市場価格を規制したり，財の販売に課税するときには，市場の価格調整メカニズムは十分に機能せず，資源配分は非効率的になることを，前のChapterで明らかにした。

　さらに，市場がたとえ完全競争の状態にあっても，市場の能力には限界があり，効率的な資源配分が実現できないケースがある。これは一般に，市場の失敗（market failure）といわれる。市場の失敗を引き起こす要因として，外部性，公共財，不完全情報，自然独占などがあげられる。これらの状況では，効率的な資源配分を達成するために，逆に，政府の市場介入が望まれる。

　本章では，このような「市場の失敗」の問題に注目する。市場の失敗はなぜ起きるのか，そして，どのような解決方法があるのかを考察する。

●Key Words●
外部性，外部不経済，外部経済，外部費用，社会的費用，コースの定理，ピグー税，公共財，ただ乗り（フリーライダー），共有資源，情報の非対称性，逆選択，シグナリング，自己選択，モラル・ハザード，モニタリング，エージェンシー関係，自然独占

1 外部性

はじめに,市場の力だけでは効率的な資源配分が実現できない「市場の失敗」の代表例として,「外部性」の問題を取り上げる。

(1) 外部不経済と外部経済

これまで,個々の企業や消費者の活動は,当事者以外には直接的な影響を与えない,と暗に仮定してきた。しかし,ある人がタバコを吸うと,周囲の人は煙と臭いで嫌な思いをする。あるいは,大型ディスカウント店には多くのお客がつめかけ,周辺の住民は交通渋滞や騒音で多大な迷惑を被る。けれども,普通,喫煙者や大型店は,周りの人たちに迷惑料を払わない。

このように,企業の生産活動や家計の消費活動が,市場の取引を経由せずに直接,無償で他の経済主体(意思決定単位)に影響を与えることがある。これを外部性(externality)または外部効果(external effect)とよぶ。

外部性の典型的な例は,大気汚染,河川・湖沼・海水の汚濁,騒音,悪臭,地盤沈下など,主に企業の生産活動によって引き起こされる,さまざまな環境汚染(公害)である。その他,地球の温暖化現象,交通や通勤の混雑,自然や緑地の破壊,鉱物資源・漁業資源・希少動植物の乱獲などがあげられる。このように,企業や家計の活動が第三者に不利な影響を与えるときには,負の外部性あるいは外部不経済(external diseconomy)が存在するという。

反対に,企業や家計の活動が第三者に有利な影響を及ぼすこともある。技術革新の外部波及,鉄道・道路などの施設に伴う周辺地域の開発利益,植林の治水や大気清浄効果,教育の社会的効果,緑化や花壇の美化による生活環境の改善などのケースである。このときには,正の外部性または外部経済(external economy)がみられるという。

(2) 外部性による市場の失敗

外部性があるときには資源配分の状態はどうなるのかを,生産活動において「外部不経済」が生じるケースに注目して検討する。

図3－1　生産の外部不経済

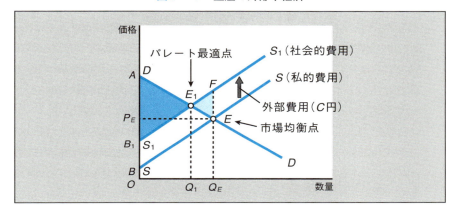

図3－1は，半導体市場の需要曲線DDと供給曲線SSを表し，この市場は完全競争の状態にあるものとする。ここで，需要曲線は，買い手が半導体の追加1単位に対して支払ってもよいと思う価格（限界価値）を示す。一方，供給曲線は，半導体企業が供給する各単位について，どうしても受け取る必要のある価格（限界費用），つまり，企業が直接に負担する私的費用を表す。

さらに，半導体の製造過程で，汚水や有害物質が排出されるとすれば，地域の環境を悪化させたり，住民の健康を損ねたりして，第三者に実質的な損害を与える。この第三者に及ぼす損害を外部費用という。したがって，半導体の供給にかかる真の費用は，企業に直接かかる私的費用と，第三者への外部費用を合計したものであり，これを社会的費用とよぶ。いま，半導体1単位あたりC円の外部費用が発生するとすれば，社会的費用曲線は，市場供給曲線SSをC円分だけ上にシフトさせた直線S_1S_1になる。

以上から，社会的に望ましい半導体の生産量は，需要曲線DDと社会的費用曲線S_1S_1が交差するE_1点に応じて，Q_1の水準である。なぜなら，E_1点において，買い手の限界価値と社会的限界費用は一致し，市場全体の経済余剰は濃いブルー部分（三角形AB_1E_1）に等しく，最大となるからである。その意味で，E_1点において，効率的（パレート最適）な資源配分が実現する。

ところが，市場経済では，環境資源はいわば共有のものであり，市場取引の

対象にならず価格は成立していない。このため，企業は環境を無償で過度に利用し，その際に生じる第三者への損害を，みずから進んで負担する経済的誘因はない。つまり，企業は外部費用を考慮せずに，私的費用のみを計算に入れて行動する。

したがって，完全競争下の市場均衡は，需要曲線DDと私的費用曲線SSが交差するE点で成り立ち，生産量はQ_Eの水準になる。社会的費用は1単位あたりの外部費用EFだけ価格P_Eを上回り，社会的にみて過剰生産となる。

このとき，消費者余剰は三角形AEP_E，生産者余剰は三角形BEP_Eの面積で表される。しかし，外部費用が四辺形BB_1FEの大きさだけ発生する。ゆえに，市場全体の総余剰は，消費者余剰と生産者余剰の合計から外部費用を差し引いた値，すなわち，濃いブルー部分（三角形AB_1E_1）から，淡いブルー部分（三角形EE_1F）を引いた大きさになる。市場均衡点Eの経済余剰は，パレート最適点E_1と比べて，淡いブルー部分だけ小さく，市場は効率的な資源配分の実現に失敗する。

2 外部性の解決法

生産の外部不経済によって起こる市場の失敗は，どのようにしたら解決できるのか。ここでは，「当事者による解決法」（統合，交渉），および「政府の政策措置」（環境規制，ピグー税と補助金）について考えてみる。要は，外部不経済を発生させる企業が，外部費用をみずからの費用として含めるようになること（外部費用の内部化）が，解決の手がかりになる。

（1）統合

利害関係にある当事者同士が，統合（あるいは合併）することによって，外部性の内部化が起こり，市場の失敗は解消することがある。

たとえば，環境汚染企業Aが地域貢献を最優先の課題に掲げ，地域密着型へと方針を変えたとする。同時に，地域住民の多くが企業Aの製品を好み，また，企業Aの工場で働くことを望んでいるとする。その場合，実質的に，企業と地域住民の統合化がなされたことになる。生産に伴う外部不経済は，同じ仲間が

受ける被害となるので，企業はこの点を考慮に入れて生産活動を行う。

その結果，統合前の外部費用は企業にとって私的費用の一部となり，外部費用は内部化される。つまり，私的費用と社会的費用は一致する。先の図3－1では，統合前の社会的費用曲線S_1S_1は，統合後の私的費用曲線を意味することになる。したがって，統合後の市場均衡（E_1点）では，生産量は効率的な水準Q_1に抑えられ，市場の失敗は解消する。

（2）交渉：コースの定理

利害関係をもつ当事者間の交渉によっても，外部性のもたらす問題は解決可能である。

いま，環境汚染企業と被害住民とが，交渉のテーブルについたとする。ただし，交渉にかかる取引費用はゼロ（ないしは，無視できる大きさ）で，また，環境資源の利用に関する権利関係は，明確に規定されるものとする。

はじめに，環境利用権が地域住民側にある場合，企業は生産活動に伴う環境資源の利用に対して，住民に補償する。生産物の追加1単位ごとに，C円の外部費用が発生すれば，企業は少なくてもC円の補償金を住民に支払う必要がある。企業としては，生産活動による利益の増加（買い手の限界価値と企業の限界費用との差）が，住民に与える補償の増加分を上回るかぎり，生産を拡大するほうが有利である。

図3－2（図3－1を，私的費用曲線SSを基準にして描き直したもの）の状況では，結局，生産活動による利益の増加分が，補償金の増加分を差し引くとゼロになる水準，つまり，限界利益（MB）＝限界外部費用（ME）の関係が成り立つパレート最適点E_1で，企業と住民との交渉は決着する。そして，外部費用は補償金支払いの形で内部化され，生産量は効率的な水準Q_1になる。

反対に，環境利用権が企業側にある場合には，生産活動を市場均衡点（E）の水準Q_Eから引き下げてもらうため，地域住民が企業に補償金を支払う。この場合，生産量が1単位減少すれば，外部費用はC円だけ減るから，住民はC円までの補償金を企業に支払う用意がある。企業としては，受け取る補償金が生産抑制に伴う利益の減少分を上回るかぎり，生産を減少させるほうが有利である。このときも，結局，交渉はE_1点における生産量Q_1で決着する。

図 3 − 2　企業の地域住民との交渉

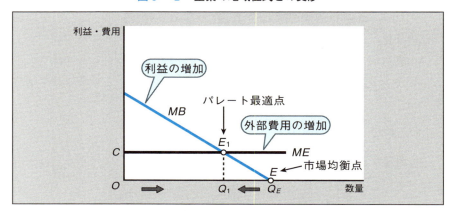

　このように，環境利用権が地域住民と企業のどちら側にあっても，交渉に費用がかからなければ，当事者間の交渉により効率的な資源配分が実現する。これをコースの定理（Coase theorem）という。

(3) 環境規制

　上で述べた当事者間の統合や交渉は，実際には，調整に多大な時間と費用がかかる。また，ゴネ得や負担逃れをねらう者もいて，合意にいたるのは難しい。一般に，外部性に対しては，政府が何らかの措置をとる必要がある。

　政府は，多くの場合，廃水，煤煙，排気ガスなどの排出に関して，基準を設けて規制する。環境汚染企業は排出基準をみたすため，工場廃液の浄化装置を整備したり，煤煙や排気ガスの削減技術の改善に努めたり，ときには生産活動を抑制する。この場合，環境汚染企業は，自己の生産活動に直接かかる私的費用に加えて，排出削減のために追加的な費用を負担をする。したがって，排出基準による環境規制も，外部費用の内部化の役割を果たしており，外部性の解決に効果がある。

　ただし，排出削減費用の高い企業にも低い企業にも，すべて一律に同じ排出基準を適用することは，社会的な費用最小化の観点から，効率的な政策措置とはいえない。また，排出基準による規制の場合，環境汚染企業には，排出基準

以下にまで排出量を削減する経済的な誘因はない。

（4）ピグー税と補助金

政府は，外部不経済を発生させる企業に，外部費用分だけ課税することもできる。外部不経済の影響を補正するための課税は，一般に，ピグー税とよばれる。環境税，炭素税などがこれにあたり，公害問題における汚染者負担の原則に即した政策である。

図3-3（前節の図3-1と同じ）において，政府は，半導体1単位ごとにC円の外部費用分だけ企業に課税する。すると，税金を含めた企業の私的費用は，社会的費用に等しくなる。つまり，ピグー税が課されると，企業の生産に伴う費用は，本来の私的費用と税金（外部費用分）の合計になり，外部費用は内部化される。そのため，完全競争市場の均衡は，課税前のE点から，需要曲線DDが私的費用＝社会的費用を表す直線S_1S_1と交差するE_1点に移る。したがって，生産量は当初のQ_EからQ_1に縮小して，効率的な資源配分が実現し，市場の失敗は解決される。

政府は，ピグー税とは反対に，外部不経済の発生企業に補助金を出すことも可能である。いま，政府は環境汚染企業に，生産量を図3-3のQ_Eから1単位減らすごとに，C円の補助金を与えるとする。この場合，企業は半導体を1

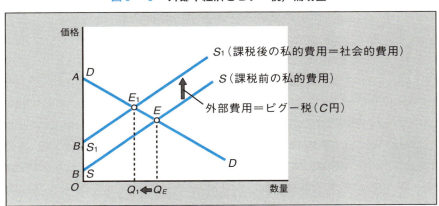

図3-3　外部不経済とピグー税，補助金

Column

排出権取引

　環境は共有の資源で，所有権が確立していない。このため，環境資源は市場取引の対象にならず，価格が存在しないので，無償で過度に利用されることになる。そこで，政府の主導により環境利用権の市場を創出して，環境資源を利用するには，価格の支払いが必要なシステムにすることも，環境問題を解決する1つの方法である。

　実際，地球温暖化防止策の一環として，温室効果ガスの削減を図るため，二酸化炭素（CO_2）などの排出権の取引を行う市場が創設，運営され始めた。この場合，まず政府が，各産業・各企業のCO_2の排出基準を定める。そして，基準値以下に排出量を削減した企業は，削減量に応じて排出権（汚染許可証）を得る。

　この排出権は，取引市場で自由に売買できる。そのため，低い費用でCO_2の排出量を削減できる企業は，できるだけ多くの排出権を獲得して販売しようとする。反対に，CO_2の排出削減に高い費用がかかり，削減目標を達成できない企業は排出権を購入すればよい。

　このように，市場メカニズムを活用した排出権取引では，CO_2の排出量削減の経済的誘因が働き，また社会的に最小の費用で排出削減を実現できる。

単位生産すると，C円の補助金を失うので，補助金は生産活動に伴う「機会費用」になる。その結果，企業の私的費用は，供給曲線SSをC円の補助金分だけ上にシフトさせた直線S_1S_1で表される。市場の均衡は，ピグー税のケースと同じくE_1点で成り立ち，効率的な生産水準Q_1が実現する。

3 公共財

　次に，市場の失敗のもう1つの代表例，「公共財」について考察する。

（1）非競合性と非排除性

　市場で取引されている普通の財・サービス（これを，私的財とよぶ）の場合，たとえば，ある人がピザを食べれば，他の人がその同じピザを食べることはできない。つまり，私的財については，消費の競合性がある。しかし，ある人がTVで気象情報を聴いたとしても，他の人も同じ気象情報を利用できる。多くの人が同じ気象情報を共同で利用でき，消費をめぐり利用者間で競合関係はみられない。このような財の性質を，消費の非競合性という。

　また，私的財の場合，その消費には対価を支払うことが前提で，ピザの代金を払わない人は，その消費から排除される。つまり，私的財については，消費の排除性がある。しかし，国防，司法，警察，消防，気象情報や，一般道路，街灯，橋，灯台，公園などのサービスの場合，多くの人が同時に便益を得ており，対価を支払わない人を区分して排除するのは難しい。このように，対価を支払わない人でも，その財の消費から排除されないことを，消費の非排除性という。

　以上の消費に関する非競合性と非排除性の2つの性質をもつ財を，公共財（public goods）という。社会の各人が同じだけ消費でき，また対価を支払わなくても利用できるような財のことである。

（2）ただ乗り（フリーライダー）の問題

　公共財については，非競合性と非排除性という性質があるため，たとえ自分が価格を支払わなくても，その消費から排除されず，しかも費用を負担した人と同じように消費することができる。

　たとえば，地域の治安を維持をするため，地域住民の集会で，警備関係者を常駐させ，街灯を増やし，監視カメラを設置するなどの方針を立てたとしよう。ただし，これらの費用はすべて，地域住民の自発的な寄付でまかなうものとする。この場合，自分の安全は自分で守れるからと寄付をしない人も，寄付をした人と同じように，地域の治安のよさから便益を得ることができる。

　したがって，地域の治安維持の費用は分担せずに，安全さだけを享受しようとする人が多く出てくる。このように，公共財については，他人の費用負担のもとで自分は無償で利用するという，ただ乗り（フリーライダー）になろうと

する誘因が働く。

つまり，公共財の場合，市場経済の基本的な要件である受益者負担の原則（各人がその受ける利益に応じて，費用を負担すること）が成り立たない。そのため，各人はただ乗りになろうとするので，民間の企業が公共財を市場で供給するのは困難である。たとえ供給できたとしても，過少生産になり，効率的な資源配分に失敗する。

なお，公共財は，正の外部性の特殊ケースとも考えられる。上の例では，地域の治安を維持するための費用を負担しない人も，消費の外部経済によって，費用を負担した人と同じように，安全さの恩恵にあずかることができる。けれども，治安維持の対策レベルは，消費の外部経済は考慮せず，実際に集まった寄付金額で決まるから，地域全体からみて最適な安全レベルよりも低くなってしまうのである。

 4　公共財の供給

前節の説明をもとに，公共財の最適供給はどのようなときに実現するのか，また，市場はなぜ公共財の最適供給に失敗するのか，さらに，政府は最適量の公共財を供給できるのかを検討する。

（1）公共財の最適供給量

簡単に，社会は2人の消費者（A，B）からなるものとする。図3－4の直線SSは，公共財（たとえば，公園）の市場供給曲線で，公共財を供給する際に生じる限界費用を表す。また，直線D_AとD_Bはそれぞれ，消費者AとBの需要曲線で，各人が公園の追加1単位に対して支払ってもよいと思う価格（限界価値）を示す。

公共財の場合には，全員が同じ数量を消費できるため，数量が各人に共通の変数になる。したがって，公園の各水準について，消費者AとBが支払ってもよいとする価格を合計すると，つまり直線D_AとD_Bを垂直に加えると，公園の社会的な限界価値を表す市場需要曲線DDが得られる。

このとき，市場の需要曲線DDと供給曲線SSの交点Eで，経済余剰は最大に

図3−4 公共財の供給

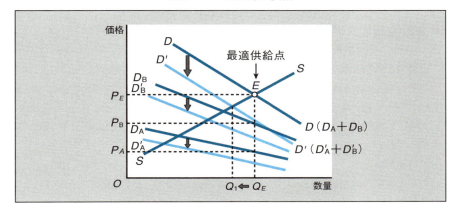

なる。ゆえに、公園の最適供給量は、E点に対応するQ_Eの規模である。この点では、公園の社会的な限界費用と限界価値は一致し、また、社会的な限界価値P_Eは消費者AとBの限界価値P_A、P_Bを加えた値であるから、

　　社会的な費用 ＝ 社会的な価値 ＝ 消費者Aの価値 ＋ 消費者Bの価値

という関係が成り立つ。これが公共財の最適供給条件である。以上の条件が成立するときに、公共財の市場では、効率的な資源配分が実現する。

（2）市場の失敗と政府による供給

　仮に、市場経済のもとで、公共財の利用に対し、消費者AとBから料金をとることができるとする。その場合には、各人が公共財の利用につける限界価値を、それぞれが支払う価格とすればよい。図3−4の状況では、消費者A、Bがおのおの1単位あたりP_A、P_Bの価格を払えば、公園に支払われる価格の総額はP_Eの大きさになる。その結果、社会的な費用と価値の一致という公共財の最適供給条件が成り立ち、最適量Q_Eが供給される。

　しかし、現実には、公共財はただ乗りが可能である。自己のつける価値に応じて、公共財の費用負担が増えるとなれば、誰も正直に真の選好を示さず、過少に表明するようになる。そのため、実際に表明される公共財の限界価値はず

共有資源

　環境，美しい景観，きれいな空気や水，野性の動植物，共有地などは，公共財と同じく，誰でも利用できるので排除性はない。しかし，ある人が利用すると，他の人が利用できる量は少なくなったり，質の低下が生じるので，消費に関しては競合的である。このような非排除性と競合性の性質をもつ財を，共有資源（common resources）という。

　共有資源には，共有地の悲劇の名でよく知られた問題が発生する。いま，ある町に共有の牧草地があり，すべての住民が自由にそこで羊を飼うことができるとする。羊の数に比して，牧草地が十分にあるかぎり，共有地の利用について競合性は起こらず，土地の共有はうまく機能する。けれども，町の人口が増加したり，各人がより大きな利益を求め，羊の飼育数を増やしたりするにつれて，羊の数は多くなる。そのため，牧草地は次第に不足し，食い荒らされ，ついには不毛の地になってしまう。

　一般的に，こうした悲劇は共有資源にみられる。ある人が共有資源を利用すると，他の人が享受できる量は減少するから，実は，負の外部性（外部不経済）を発生させている。しかし，各人がこれを無視して行動するため，過剰利用となる。問題の解決には，共有資源の利用規制，利用料金の徴収，私有化などの措置が必要になる。

っと小さくなり，各人の需要曲線は，たとえばD_A'，D_B'，そして市場の需要曲線は$D'D'$へと下にシフトする。したがって，公共財の実際の供給量Q_1は，最適水準Q_Eよりも少なく，市場は公共財の最適供給に失敗する。

　以上のように，市場の価格メカニズムを使って，最適量の公共財を供給するのは難しい。結局，公共財は政府が供給する形をとり，供給する財の種類や規模は中央政府・地方自治体の判断・決定に委ねられる。そして，費用は一般税収や公債発行によってまかなわれる。

　政府は公共財の供給にあたって，費用と便益を比較検討して，どのような種類の公共財を，どれだけ供給するかを決める。たとえば，空港を建設するには，

まず，空港をつくり維持する費用を推計する必要がある。国内便専用の空港にするか，大型旅客機も離着陸できる国際空港にするかで，費用に大きな差が出てくる。次に，空港を建設することの便益を推計する必要がある。ただし，空港建設に賛成する人びとや空港建設で利益を得る企業は，その便益を過大に，逆に，空港建設を疑問視する人びとは，過小に評価する傾向がみられる。さらに，政府は，予算を工面して財源を確保しなければならない。

このような理由から，政府にとっても，公共財を最適に供給するのは困難である。

5 不完全情報：逆選択

現実の世界では，企業や家計は，財の価格や品質，市場の状況などについて，必要な情報をすべてもっているわけではない。また，将来に起こることは誰にも正確にはわからない。不完全情報のもとで，企業や家計はその行動を決めている。

本節と次節では，財の品質や相手のタイプ，相手の行動に関して，当事者の間に情報格差があり，情報の非対称性がみられる場合には，市場はうまく機能せず，市場の失敗が起きることを示す。また，どのような解決方法があるのかを検討する。

（1）レモンの市場

財の品質について，売り手と買い手の間に情報の非対称性がある代表例として，中古車の市場を取り上げる。ただし，中古車はすべて，専門のディーラーをとおさず，個人間で取引されるものとする。

中古車市場には，さまざまな品質の車が出回っている。外見は同じようでも，持ち主の乗り方・保管方法・整備点検の違いや，事故歴の有無などにより，品質に大きな差がある。なかには，見かけはよくても，品質の悪い欠陥車（これをレモンとよぶ）が紛れ込んでいる。しかし，買い手には，個々の中古車の品質は正確にはわからない。一方，売り手は自分の車のことは熟知しているので，中古車の売り手と買い手の間には，情報の非対称性が存在する。

この場合，売り手は中古車市場の価格に応じて，売るかどうかを決めること

ができる。品質のよい車は高い価格でなければ売らないし，品質の悪い車であれば低い価格でも売ろうとする。それに対し，買い手は中古車の品質について不完全な情報しかなく，不確実な状況下にある。品質のよい車と悪い車が混在するので，うまくすれば品質のよい車を購入できるが，へたをすれば品質の悪い車を買うはめになる。また，たとえ高い価格を支払っても，レモンが紛れ込んでいるため，レモンをつかまされる危険性がある。

したがって，買い手は価格が高いと，レモンを買わされるリスクを考慮して，購入を手控える。すると，中古車の価格は下がり，市場では品質のよい車の供給が減るため，平均的な品質は低下する。これは，中古車の需要を減少させ，再び価格は下がり，品質のよい車の供給はさらに減る。以上の過程が繰り返されるにつれ，市場には，品質のよい車は次第になくなり，品質の悪い車が氾濫するようになる。

このような現象を，逆選択（adverse selection）という。つまり，逆選択とは，情報が非対称的な市場では，グレシャムの法則（悪貨は良貨を駆逐する）が働き，品質のよい財は姿を消し，品質の悪い財ばかりが出回る結果になることを意味する。

（2）シグナリング

次に，逆選択の問題には，どのような対応の方法があるのかを考えてみる。情報の非対称性を解消することが，ポイントになる。

逆選択の解決方法の1つは，情報をもつ側が，質のよいことを示すシグナルを相手に送ることである。これをシグナリングという。実際，品質のよい財の売り手は，さまざまな形で買い手に向けてシグナルを発信している。

中古車の場合，品質のよい車の所有者は，「専門のディーラー」をとおしたり，「無料修理の保証」をつけて売ることができる。これは，車の品質がよいことのシグナルになる。買い手は，ディーラーが扱う保証付きの中古車については，その価格は品質に見合ったものと受けとめ，信用して購入するようになるので，逆選択の問題は解消する。

また，ブランド品は一般に，値段は高くても品質がよく，買い手に信頼されている。それに，マクドナルドのハンバーガー，セブン-イレブンのコンビニ

商品，ホテルチェーンのサービスなどは，品質やサービス内容がどこでもほぼ同じで，標準化が図られている。したがって，買い手には商品の質がわかり，安心して購入できる。このように，「ブランド」や「商品の標準化」は，買い手に対して品質を保証するシグナルの役割を果たす。

それから，企業が大々的に宣伝している商品に対しては，品質の優れたものだからこそ巨額の広告費を投じている，と消費者はイメージする。また，宝石や高級ブティックなど，とくに高価な商品を購入するときには，普通，立派な店構えの店舗やデパートで買えば，値段は高めでも品質に間違いはない。「広告支出」や「店構え」も，品質を示すシグナルとして機能する。

（3）自己選択

逆選択のもう1つの解決方法は，情報をもたない側が，複数の契約形態や料金体系を提示して，その中から相手に選ばせることにより，相手のタイプに関する情報を得る，というものである。これは自己選択とよばれる。

たとえば，保険会社は，保険料は安いが通常の病気しかカバーしない契約と，保険料は高いが重大な病気も含めすべてカバーする契約，の2種類の契約形態を用意し，加入者にどちらかの医療保険を自由に選んでもらうことにする。この場合，一般に，健康に自信のある人は保険料の安い契約を選択し，健康に自信のない人は保険料の高い契約を選択する。こうした保険契約者の自主的な表明により，保険会社は契約者のタイプについて情報を収集できる。

また，携帯電話や各種のスポーツクラブ，レジャー施設の利用については，基本料金は高いが利用料金は低いプランや，基本料金は低いが利用料金は高いプランなど，異なる料金体系を用意して，各利用者にどの料金体系にするかを選ばせている。このとき，よく利用したい人は前者の料金体系を選び，あまり利用しない人は後者の料金体系を選ぶ。このように，自分に合った料金プランを選択させることにより，利用者自身のタイプが判明する。

以上のように，買い手の自己選択によって，売り手は買い手のタイプに関する情報を得る。その結果，買い手全員に一律の価格を課すのではなく，タイプによって，異なる契約形態・料金体系を適用することが可能となり，逆選択の問題は解消する。

6 モラル・ハザード

前節の逆選択に続き，この節では，取引相手の行動が観察できないときには，どのような問題が生じるのか，また，いかなる解決方法があるのかを考察する。

（1）保険のモラル・ハザード

再び，保険の問題を取り上げる。保険の加入者（契約者）は自分の行動をよく知っているが，保険会社は，個々の加入者がどのような行動をとるのかは，実際にはよくわからない。両者の間には，保険契約者の行動に関して，情報の非対称性が存在する。そのため，人びとの行動は保険に加入することで，変化する可能性がある。

たとえば，自動車の車両保険に加入すると，たとえ車両を傷つけたり，事故を起こしても，保険によって損害が補償される。したがって，安全運転への意欲が減退して，運転が雑になったり，不注意になったりする。火災保険の場合も，保険に加入していれば，もし火災になっても被害は補償してもらえる。だから，火災に対する注意がおろそかになる。また，医療保険に入っていると，病気にかかったとき診察料や薬代が安くすむ。そのため，健康管理を怠ったり，ちょっとしたことで医者に診てもらったりする。

このように，人びとの行動が保険契約を結んだことにより変化して，契約前に想定した状況と違ったものになる現象を，モラル・ハザード（道徳的危険，倫理の欠如）という。モラル・ハザードが発生すると，保険会社の保険金支払いは増加して，保険料の引き上げが必要になる。その結果，保険加入者の負担が重くなり，ついには，保険そのものが成立しなくなることも考えられる。

ところで，保険は加入者からすると，一種の「共有資源」である。加入者は誰でも保険を利用できる。でも，誰かが保険を使うと保険金支払いが増加して，結局は，保険料（費用負担）の引き上げという形で，加入者全員に跳ね返ってくる。しかし，個々の加入者は，こうした外部不経済を無視して行動するため，保険は過度に利用され，保険市場は非効率的な状態になる。

（2）エージェンシー問題

　モラル・ハザードの現象は，保険の分野にかぎらず広く見受けられる。たとえば，公益企業は，赤字をいつでも政府に補填してもらえるならば，効率的に経営する誘因はなくなる。必要以上に人員を増やしたり，建物や設備・器具を立派にしたり，福利・厚生に力を入れるなど，自分たちのために支出を増加させ，費用削減の努力を怠る。

　あるいは，金融機関は，倒産の危機にさらされると公的資金により救済されるのであれば，経営者は真剣に経営努力をしなくなる。また，一律の給与体系のもとでは，ひとたび採用された後には，一生懸命に働く誘因が乏しく，怠ける人が多くなる。

　このように，モラル・ハザードとは，より一般的には，「依頼人（プリンシパル）と代理人（エージェント）との間の，エージェンシー関係において生じる問題」とみることができる。つまり，依頼人と弁護士，保険会社と加入者，監督官庁と公益企業，経営者と従業員，銀行と融資先，タクシー会社とタクシー運転手など，ある仕事を頼む依頼人と，その仕事を頼まれて行う代理人との関係では，依頼人は代理人の行動を十分には観察できない。そのため，代理人は依頼人の利益にかなう行動をとらないかもしれず，こうした現象をモラル・ハザードとよぶ。

（3）モニタリング

　モラル・ハザードを防ぐ方法の１つは，依頼人が代理人の行動を厳しくモニタリング（監視）することである。

　たとえば，保険加入者は，その行動を保険会社によって逐一監視されているならば，自分の不注意やミスで起きた病気・事故については，保険金支払いの請求がしにくくなる。あるいは，保険会社が保険金支払いの審査を厳重に行うときには，加入者自身の過失の程度に応じて，保険金の支払いは減額される。そのため，保険の契約者は保険に加入した後も，従来どおり慎重に行動するようになる。

　また，雇用関係において，経営者がいつも厳しく従業員の行動を監視してい

れば,従業員が仕事をさぼったり手抜きをすると,ただちにわかってしまう。その結果,減給や解雇の可能性が高くなるので,従業員は労働規律を守り,よく働くようになる。

このように,モニタリングの強化は,モラル・ハザードの問題を解決するには有効である。しかし,相手の行動を監視したり,情報を収集するには,相当な費用がかかる。とくに,モニタリングの対象者が多い場合には,費用は莫大で,利潤の減少を招きかねない。したがって,実際には,保険会社が加入者を常時モニターすることはまずない。代わりに,モラル・ハザードを防止するため,病気や事故に対する支払いの一部を,自己負担としている。

(4) 誘因システム

モラル・ハザードをなくす別の方法は,代理人が依頼人の利益にかなった行動をとる誘因を与えるように,システム(制度・契約)を工夫することである。

図3−5の横軸は,代理人の活動によって生じる総収入の水準を示す。ここでは,総収入は代理人の努力水準が高まるにつれて増加する,と考える。縦軸は,代理人の収入(取り分)を表す。そして,45度線と代理人の収入を示す直線との垂直距離が,依頼人の収入を示す。

図3−5 誘引契約

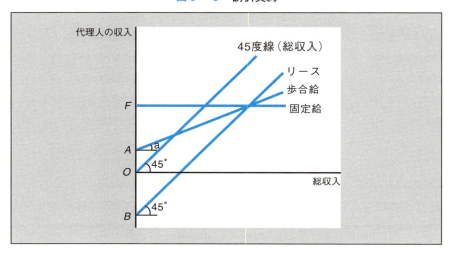

Column

自然独占

　電力，ガス，水道，鉄道などのサービス供給には，設備投資やネットワークの整備に巨額の費用がかかる。したがって，供給規模ないしは顧客の数が大きくなるにつれて，企業の生産物1単位あたりの費用（平均費用）は次第に小さくなり，規模の経済が顕著に現れる。

　この状況下では，たとえ市場で自由な競争が行われたとしても，規模の小さい企業は大きな企業に比べて費用面で劣るため，市場からの退出を余儀なくされる。生産規模の拡大にいち早く成功した企業が費用面で優位に立ち，結局，生産効率のよい企業のみが生き残ることになる。また，複数の企業で供給するよりも，生産効率のよい1つの企業が市場全体に供給するほうが，費用は小さくてすむ。このような状況を自然独占とよぶ。

　自然独占の場合，もし政府の規制がなければ，独占企業はみずからの利潤が最大になるように行動する。その結果，完全競争下の市場均衡と比較して，生産量は少なく，価格は高く決められ，効率的な資源配分に失敗する。

　そこで政府は，独占の弊害を防ぐため，自然独占の分野については独占を認め，代わりに公益企業として，規制・管理のもとで運営させている。

　もし，依頼人が代理人の行動をよく観察でき，モラル・ハザードの問題は心配ない状況では，一般に，代理人の努力に見合った固定給が適切である。しかし，代理人の行動を観察できない状況では，固定給契約はまさにモラル・ハザードを引き起こす。なぜなら，代理人は総収入の水準に関係なく，一定額（OF）の収入が保証されるので，代理人の立場からすると，まったく努力をせずに固定給の支払いを受けることが，最適な選択になるからである。

　したがって，代理人の行動を観察できない状況では，依頼人は代理人の成果に応じて，報酬を払うようにする必要がある。それには，一定割合を歩合給として支払う契約がある。図3－5には，基本給（OA）に加えて，収入増加分の$100 \times a$％（$a<1$）を代理人に支払う歩合給のケースが描いてある。その他，代理人は依頼人に一定額（OB）をリース料として支払い，収入はすべて

代理人のものとするリース（出来高払い）契約がある。

歩合給契約やリース契約では，代理人は努力水準を高めて総収入を増やせば，依頼人に利益をもたらすだけではなく，みずからの収入が高まるので，真剣に働く誘因をもつ。実際，タクシー運転手の賃金，営業職の給与，請負業務の報酬，コンビニ店のフランチャイズ料などは，歩合給契約やリース契約によって決められている。

Problems

1. 企業の生産活動が外部経済をもたらす場合，なぜ市場の失敗が起きるかを，図を描いて明らかにしなさい。
2. 消費による外部不経済について，具体的な例をあげて説明しなさい。
3. アルミニウム市場の需要曲線は $Q=10-P$，供給曲線は $Q=-2+P$ で表されるものとして，以下の問いに答えなさい。ただし，P は価格（単位は万円），Q は数量（単位は万トン）である。
   (1) 完全競争市場の均衡における価格と生産量はいくらか。また，そのときの消費者余剰，生産者余剰，総余剰はそれぞれいくらか。
   (2) 上の状況で，アルミニウムの生産に伴い，1トンあたり2（万円）の外部不経済が発生するとすれば，外部費用はいくらか。また，社会全体の総余剰はいくらになるか。
   (3) 企業にアルミニウム1トンあたり2（万円）のピグー税を課す場合，市場均衡における価格と生産量はいくらになるか。また，そのときの消費者余剰，生産者余剰，租税収入，外部費用，総余剰はおのおのいくらか。
4. 公共財とはなにかを，私的財，共有資源と比較しながら説明しなさい。
5. 「市場は公共財の最適供給に失敗するが，政府ならば最適量の公共財を供給できる」。以上の文章を論評しなさい。
6. 企業（求人）と労働者（求職者）の間に情報の非対称性があるとき，どのような問題が生じるか。また，この問題を解決するには，いかなる方法があるかを考察しなさい。
7. 派遣会社と派遣社員の関係を例にとり，エージェンシー関係において生じる問題，およびその解決方法について説明しなさい。

Chapter 4

競争と戦略

　企業数が完全競争市場ほど多数でない寡占市場では，企業間でさまざまな形態の競争が繰り広げられている。そのような競争に勝つために各企業はライバルたちの動向を適切に予想しながら，最適な戦略をたてて市場に打って出る必要がある。

　企業をはじめとするプレイヤーたちの戦略形成の仕組みや，熾烈な「闘い」の結果生じる社会状態がいかなるものになるのかを研究する学問が「ゲーム理論」である。それは現代の経済学では必須の分析用具になっている。

　このChapterの目的は，企業が繰り広げるさまざまな競争を例にとりながら，ゲーム理論の入門的部分を解説し，「戦略的思考」についての理解を深めることにある。

●Key Words●
価格競争，差別化競争，ゲーム理論，プレイヤー，戦略，利得，戦略型ゲーム，展開型ゲーム，支配戦略，ナッシュ均衡，囚人のジレンマ，威嚇

1 市場における競争

（1）差別化競争と価格競争

　市場経済には競争がつきものである。企業は市場で利益を上げ，ライバルに勝つため，日々さまざまな形で戦っている。

　一般に競争によって社会の経済活動は活性化し，私たちの生活は豊かになっていくと信じられているが，競争はつねに企業に利益をもたらすわけではなく，市場における競争のありようによっては，競争の当事者である企業自身に悪い結果をもたらすこともある。

　市場における競争の形態は多様であるが，それらは主に<u>差別化競争</u>と<u>価格競争</u>（そして，それらの複合型の競争）に大別することができる。

　財の<u>差別化</u>とは，基本的に同じカテゴリーに属する財について，その属性や外観などにわずかな変更を加えることなどによって市場に供給される財を多様化させ，消費者の多様なニーズに応えようとすることである。たとえば，同じ排気量の乗用車であっても，形，色，性能等々に関して多種多様な属性のものが販売されている。これらは乗用車というカテゴリーにおいては同じものであるが，細かい属性の違いによって差別化されていることになる。

差別化競争とは，同一カテゴリーの財を販売する他社に対して，消費者により魅力的な差別化を行うことで，その会社が販売する財に消費者を引きつけようとすることをめぐって行われる競争である。

　それに対して価格競争は，差別化されていないか，あまり大きな差別化を行うのが難しい財市場において，より安い価格を提示することで顧客を獲得しようとする競争の形態である。

　たとえば，牛丼に代表されるファストフードの市場では，味や量などで差別化を図っても限界があるので，しばしば熾烈な価格競争が行われることがある。牛丼の大手3社が熾烈な価格競争を繰り広げた結果，牛丼の価格が200円台にまで下がったのは記憶に新しい。

(2) 熾烈な価格競争

　まったく差別化されていないか，大幅な差別化の難しい財の市場では，誰が売るものを買ってもほとんど違いがないわけだから，財の買い手（消費者）は当然により安いものを買おうとする。換言すれば，ライバルよりも1円でも安い価格をつけた売り手は，すべての買い手を獲得できることになるし，1円でも高い価格をつけた売り手は，買い手をすべて失ってしまい，この市場での利潤獲得の機会をなくしてしまうことになる。

　この種の市場において複数の企業が競争するならば，彼らは互いに相手を出し抜くような価格を設定しながら競争せざるをえないのである。つまり，その場合には，どの企業も他社より少しでも安い価格をつけて市場を奪い取ろうという努力をするだろう。その結果，際限のない価格引き下げ競争が起こり，その市場に存続するすべての企業は，ギリギリ採算がとれる水準での価格づけを余儀なくされるのである。このようにして，差別化されていないか，大幅な差別化の難しい財の市場でいったん価格競争が開始されると，非常に低価格での均衡状態が最終的に成立することになる。牛丼の市場で，価格が200円台まで下がってしまった背景にはこういう事情がある。

　このように，たいていの場合，価格競争は企業にとってメリットはなく，むしろ低価格とそれによって引き起こされる低水準の利潤に甘んじるという好ましくない結果がもたらされることになる。つまり，ライバル同士が互いに傷つ

けあって、みんなが等しく悪い結果に陥るということになるのである。

　したがって、どの企業も可能なかぎり価格競争を回避し、差別化競争の形で競争を行うように努力することになる。たとえば、牛丼の場合にも、ある企業が和牛を使った高単価の高級牛丼を売り出したことがある。これはまさに、自滅的な低価格化競争から脱却するために、「値段は高いが、高品質」という差別化された商品の投入によって競争の局面を価格競争から差別化競争に転化させようという試みといえる。

　しかし、価格競争から差別化競争への転換は容易ではなく、企業はいずれ困難がブーメランのように自分たち自身に跳ね返ってくることを見込みながらも、価格の引き下げでライバルから顧客を奪い取るように努力をせざるをえなくなることもしばしば見聞される。次の節以降では、なぜ企業がそのような自滅的結末をわかっていながらも、そうせざるをえないというような自縄自縛の状況に落ち込んでしまうのかについて考えてみたい。そのような逆説的な状況の分析にとって、ゲーム理論はきわめて有効な分析ツールである。

価格引き下げ競争ゲーム

（1）ゲーム理論とは

　前節で直観的に説明した価格引き下げ競争は、実はゲーム理論の有用性を学ぶための適切な例になっている。ここでは、この理論を用いて前節の話がどのように説明されるのかを述べたいのだが、そのための準備としてまず、ゲーム理論そのものについて簡単にまとめておきたい。

　ゲーム理論は、1944年にオスカー・モルゲンシュテルンとジョン・フォン＝ノイマンの共著『ゲームの理論と経済行動』の出版を契機として始まり、近年では経済学における必須の分析道具の1つになっている。

　まず、消費者や企業などの経済主体を総称してプレイヤーとよぶ。プレイヤーは互いに何らかの形での相互関係（利害関係、友人関係、協力関係、敵対関係等々）下にあると想定されており、そのような相互関係下で各プレイヤーがとり得る選択肢の1つ1つを戦略という。プレイヤーは、どのような戦略をと

るかを決めるに際して─すなわち戦略を形成するにあたって─，自分のみならず他のプレイヤーがどのような戦略を採用するのかについての判断を行う必要がある。

ゲーム理論は，相互関係下にあるプレイヤーたちの戦略形成の仕組みを研究するとともに，そのような戦略形成がいかなる社会状態（＝均衡状態）を生み出すのかを研究する学問である。この理論は，さらに協力ゲーム理論と非協力ゲーム理論に分類することができる。前者は，何らかの理由でプレイヤー相互間に協力関係が成立しているときに，共通の利益を分け合うためのルール作りの仕組みなどについて研究する。それに対して，後者は，そのような協力関係の成立があらかじめ想定できない環境下での相互関係がもたらす帰結などを研究する。経済学で広く応用されているのは，非協力ゲーム理論が多いので，以下ではそれに限定して話を進めていきたい。

（2）価格競争ゲーム

ここで，前節の価格競争の例に話を戻して，それを簡単な非協力ゲームとして定式化してみよう。話を簡単にするために，Ａ社とＢ社という2つの会社が同種の財（たとえばADSL接続サービス）の販売をめぐって競争しているものとしよう。すなわち，このゲームのプレイヤーはＡ社とＢ社である。

各プレイヤーには，さまざまな水準の価格をつけるという選択肢がある。つまり，彼らがつけることのできる価格の1つ1つが，戦略（＝選択肢）なのである。一般論としていえば，各プレイヤーがつけることのできる価格の選択肢はたくさんあるが，ここではさらに話を簡単にするため，両社はいずれも「高価格」（たとえば6000円）と「低価格」（たとえば2900円）という2つの戦略しかとりえないものと仮定する。

ゲームにおいて，各プレイヤーが獲得し得る利潤（プレイヤーが企業の場合）や効用（プレイヤーが消費者の場合）などを総称して利得（ペイオフともいう）とよぶ。いま考えているゲームでは，プレイヤーは企業なので，利得は各社が獲得する利潤を表していると考えることにしよう。

一般に各企業が獲得し得る利得の大きさは，その企業がとる戦略だけでなく他の企業がどのような戦略をとるのかにも依存する。たとえば，いま考えてい

表4−1　価格競争ゲームの利得表

A社 \ B社	高価格（6000円）	低価格（2900円）
高価格（6000円）	①（3, 3）	③（0, 4）
低価格（2900円）	②（4, 0）	④（2, 2）

（利得の単位：億円）

B社がとり得る戦略
A社がとり得る戦略
A社の利得　B社の利得

るケースでは，A社が「低価格」という戦略をとったときの利得は，B社が「高価格」という戦略を選んだ場合と「低価格」という戦略を選んだ場合で当然に異なってくる。

　プレイヤーがとり得る戦略と利得との関係を表にまとめたのが，利得表である。表4−1は，先ほどから考えている価格競争ゲームの利得表である。一番左側の行と一番上の列には，それぞれの企業がとり得る戦略が記載されている。残りの①から④の番号を便宜上付けた4つの枠にはそれぞれの戦略が採用されたときの各社の利得が（　）内に書かれている。このカッコ内のカンマ（,）をはさんで左側の数字はA社の利得を，右側の数字はB社の利得を表している。

　この市場では，A社もB社もともに「高価格」という戦略をとったときに，市場で成立する価格は「高価格」で高止まりする。そのとき，市場全体では6億円の利益が発生するものとしよう。この場合，両者はともに同じ価格をつけているわけだから，6億円の利益を折半するものと考えよう。それを表したのが，表4−1の①の枠の（3, 3）である。

　次に，ここでは財は差別化されていないので，少なくとも1つの企業が「低価格」をつければ，その価格が市場価格となってしまう。ただし，低価格をつけると当然市場全体の利潤は小さくなってしまう。それが4億円だとしよう。すると，一方の企業が高価格をつけて，他方が低価格をつけたときには，後者が4億円を独り占めすることになるし，両者が低価格をつけた場合には4億円が折半されることになる。このような考え方にもとづいて，表4−1の②から④の枠に記載された利得の組み合わせが得られるのである。

　表4−1をみると，（a）誰がプレイヤーか，（b）各プレイヤーはどのよう

な戦略をとり得るか,そして(c)利得の構造はどうなっているか,ということがすべてわかる。このように利得表を核にして表現されたゲームを,とくに戦略型ゲーム(標準型ゲームということもある)とよぶ。

3 支配戦略均衡と囚人のジレンマ

(1) 支配戦略均衡

前節で構築した価格引き下げ競争のようなゲームがプレイヤーたちによって演じられたときに,そのゲームで最終的に達成される状態(すなわち,ゲームの帰結)をそのゲームの均衡という。

表4－1で表されるゲームの均衡は,どのようなものであろうか。それをみつけるためにまず,A社がどのような戦略をとるのかを考えてみよう。

いま仮にB社が「高価格」という戦略をとったものとする。このとき,A社も「高価格」を採用したならば,A社の利得は3億円になる。しかし,もし「低価格」を採用したならば4億円になる。つまり,この場合,A社は「低価格」を採用したほうがトクなのである。

一方,B社が「低価格」を採用した場合はどうだろうか。このときには,A社が「高価格」を採用したら利得はゼロになってしまうが,「低価格」ならば2億円である。つまり,この場合も,A社は「低価格」を採用したほうがトクなのである。

以上のことから,B社がどちらの戦略を採用するのかにかかわりなく,A社にとっては「低価格」という戦略を採用したほうがトクだということがわかった。

この場合の「低価格」という戦略のように,他のプレイヤーがどのような戦略をとるのかにかかわりなく最適な戦略は,支配戦略とよばれている。表4－1の例では,B社の利得の構造はA社のそれと同じなので,B社にとっても「低価格」という戦略は支配戦略になっている。

このように表4－1のケースでは,どのプレイヤーも相手の出方にかかわりなく「低価格」を採用したほうがトクだと考えるので,結局両社がともに「低

価格」を採用して，2億円ずつの利得を獲得する状態がこのゲームの均衡になるのである。つまり，この市場では低価格化が進行していくことになる。

本章の第1節では，牛丼市場での低価格化現象について述べたが，この現象は上述のような簡単なゲームのモデルを用いて，理論的に説明できるのである。

(2) 囚人のジレンマ

一般的にいうと，どのようなゲームでも，表4－1のように全プレイヤーが支配戦略をもっているわけではない。その場合に，なにが均衡なのかを考えるのはさほど簡単なことでなくなってしまう。それについては第4節で説明することにして，ここではもう少し表4－1のタイプのゲームについて考えてみたい。

実は表4－1のゲームは，「囚人のジレンマ」とよばれている有名なゲームと同様な利得の構造をしていて，その意味で囚人のジレンマ・ゲームの1つのバリエーションとみなせるのである。そこで，以下では，囚人のジレンマ・ゲームについて簡単に説明してみたい。

2人の悪党AとBが，ある犯罪の共犯容疑で警察に捕まって，自白を迫られた。ともに自白をすれば2人とも5年間刑務所に入れられてしまう。2人とも自白を拒めば，本件では有罪に持ち込めず別件の微罪で懲役1年の刑となる。

ここで，取り調べ官がある種の司法取引をもちかけてきたものとしよう。すなわち，もし相手が自白する前に自白したならば，刑を免除してやるが，逆に相手が自白したのに自分が自白しないならば，刑を懲役7年に加算する，とそれぞれの容疑者に伝えるのである。

この状況をゲームとして表現してみよう。このゲームのプレイヤーは，容疑者AとBの2人である。各プレイヤーには，「自白しない」か，「自白する」かの2つの選択肢（＝戦略）がある。プレイヤーの利得は，各容疑者の効用で表されるものとしよう。懲役年数が長くなればなるほど効用は低下していくから，刑務所に入らなくてすむ（＝懲役0年）の場合の利得（効用）は20，懲役1年の場合の効用は10，懲役5年と7年の場合の効用はそれぞれ2と1だとしよう。

なお，一般論としては利得の構造（効用の数値など）はプレイヤーごとに異

Column

最低価格保証：
消費者にとって本当におトクなのか？

　最近，家電品の量販店などで，「他店より1円でも高い品物がありましたら，お知らせください。値引きいたします」という最低価格保証の掲示などをときどき見かける。これは一見すると消費者にとってとてもおトクな制度のようにみえるが，果たしてそうなのだろうか。それについて考えてみよう。

　最低価格保証は，まったく同じ型番の製品について適用されるものだから，そういう意味ではこの制度の適用対象になる財は，店ごとに差別化されていない。差別化されていない財については，本文4.1節から4.2節で説明した価格競争が繰り広げられ，製品価格がどんどん安くなってしまう可能性がある。このような価格競争が生じる原因は，一方の店がわずかでも価格を下げたならば，別の店からその店への客のシフトが生じてしまい，それを目の当たりにした別の店が対抗上価格を引き下げる点にあった。

　それに対して，最低価格保証制が採用されると事態は一変してしまう。いま，近所で競合しているP店とQ店があったとしよう。P店が最低価格保証制を宣言したとしよう。当初P店もQ店も1万円で同じ商品を売っていたとする。Q店は1万円よりも価格を引き下げる動機をもつのだろうか。仮にQ店が価格を引き下げたとしても，P店からQ店への顧客のシフトは起きない。なぜなら，P店が最低価格保証を宣言している以上，P店の顧客はそのままP店で買い物を続けて，Q店が値引きした分だけを返金してもらえばいいからである。したがって，Q店は価格を引き下げても，P店の顧客を奪いとれないので，結局価格を下げる動機をもたなくなってしまう。

　それでは，P店が最低価格保証を宣言したときに，Q店はどうすべきであろうか。もし，Q店が最低価格保証を宣言しないで，通常の価格政策をとり続けたなら，P店は1万円よりもわずかに価格を引き下げることによって，Q店の顧客を奪いとることができる。したがって，それを阻止するためには，Q店も最低価格保証制を宣言するのが適切になってくる。

　このように考えると，P店が最低価格保証制を採用しているときには，Q店にとっても最低価格保証制を採用するのが最適になる。同様に考えれば，Q店が最低価格保証制を採用しているときには，P店にとっても最低価格保証制が

> 最適な価格戦略になる。つまり，この場合，互いに最低価格保証制を採用している状態がナッシュ均衡なのである。
>
> さらにこれまでの話からわかるように，両店が最低価格保証制をとっているのなら，当初1万円だった価格は引き下げられることなく，その水準にとどまり続けるのである。このように考えると，最低価格保証制は一見すると消費者に対してきわめて有利な制度のようにみえるが，実は価格が高止まりしてしまって消費者にはむしろ不利な制度なのである。

なっていてもかまわないが，このケースでは，両プレイヤーが完全に対称的な立場に置かれているので，プレイヤーBについてもAと同様な利得の構造をもっているものと仮定する。表4-2の利得表は，以上述べたことにもとづいて作成されたものである。

表4-1のゲームと同様，このゲームでもすべてのプレイヤーは支配戦略をもっている。それは「自白する」という戦略である（それが支配戦略になることの確認はProblems参照）。したがって，2人の容疑者はともに自白してしまって，ともに5年間刑務所に入れられてしまうことになる。

この例において，2人の容疑者がともに自白せずに押しとおせば，1年間だけの懲役ですんだはずである。ところが，それぞれ自白してしまうことによって，結局2人ともより長い懲役を務めなければならないという結果に陥ってしまったのである。つまり，自白しないことが2人の共通の利益になるはずなのに，どちらもが相手を出し抜いて自分だけより少ない懲役ですむようにしたいと画策してしまった結果，結局2人ともがより悪い事態に陥ってしまうのである。

これは，個人の利益（「自分だけでもよくなりたい」という気持ち）と2人

表4-2 囚人のジレンマ・ゲームの利得表

容疑者A \ 容疑者B	自白しない	自白する
自白しない	(10, 10)	(1, 20)
自白する	(20, 1)	(2, 2)

の共通の利益との間の対立が生じてしまい，結局個人の利益が優先されて，2人の共通の利益が損なわれてしまうケースだと考えることができる。

この例の登場人物は容疑者AとBの2人だけだから，ここではこの2人が「社会」を構成しているとみなすことができる。そう考えると，表4-2の例は，個人の利益と社会の利益の間の対立の結果，2人がともに不幸になるという，思いもよらぬ悪い結果が生じるジレンマを表していると解することができる。このような解釈にもとづいて，表4-2のゲームが引き起こすジレンマは，「囚人のジレンマ」とよばれているのである。

同様の解釈は表4-1の価格競争ゲームの例にもあてはまる。すなわち，A社とB社の共通の利害という観点からすると，互いが価格を高く設定しておいたほうがトクなのに，結局他社を出し抜いて自分だけでマーケットを独り占めしたいという願望を両社がもってしまった結果，低価格均衡という両社にとって好ましくない事態が生じてしまうのである。その意味で表4-1の価格競争ゲームが，囚人のジレンマの1つのバリエーションになっているとみなすことができるのである。

4 ナッシュ均衡の考え方

(1) スーパーマーケットの立地

表4-1と表4-2のゲームは，いずれも支配戦略均衡が均衡になるものであった。しかし，すべてのプレイヤーが支配戦略をもつようなゲームはどちらかといえば例外的なものであって，支配戦略が存在しないゲームのほうがむしろ普通である。必ずしも支配戦略のない一般的な非協力ゲームでは，ナッシュ均衡とよばれる均衡概念が適用される。

ここで，企業の戦略形成に関するごく簡単な例を用いて，ナッシュ均衡を説明してみたい。大手スーパーのC社とD社がともに新規出店計画を練っているものとし，両社ともに，P町かQ町のいずれかに出店したいと考えているものとしよう。

つまり，C社とD社がとり得る戦略は，いずれも「P町に出店」と「Q町に

表4－3 「棲み分け」

C社＼D社	P町に出店	Q町に出店
P町に出店	（3, 2）	（9, 10）ナッシュ均衡その2
Q町に出店	（8, 7）ナッシュ均衡その1	（3, 4）

出店」の2とおりである。利得表は表4－3のように表されるものとしよう。この表からわかるように，両社が同じ町に出店した場合には，熾烈な販売合戦が引き起こされ，両社ともに大きなダメージを受けることになるだろう。その結果，どちらの利得も少なめになってしまう。しかし，両社が別々の町に出店すれば，両社が真正面から激突することがなくなるので，両社の利得はともに多めになる。

このゲームの均衡はどうなるのだろうか。実はこのゲームには支配戦略が存在しない。実際，たとえば，C社について考えれば，もしD社が「P町に出店」という戦略を採用したときには「Q町に出店」を採用することがベストだが，D社が「Q町に出店」を戦略として採用したときには「P町に出店」が最適になるのである。D社についても同様のことがいえるので，このゲームには支配戦略が存在しないのである。

(2) ナッシュ均衡

表4－3のゲームのように支配均衡が存在しない場合には，ナッシュ均衡の概念が有効である。それは，「すべてのプレイヤーが互いに，最適な戦略を出し合っている状態」である（なお，支配戦略均衡も，ナッシュ均衡のスペシャルケースである）。

ここで，表4－3のゲームを用いてナッシュ均衡を具体的に求めてみよう。このゲームでは，C社が「Q町に出店」，D社が「P町に出店」という戦略を出しあっているという状態がナッシュ均衡になる。

実際，D社が「P町に出店」の戦略を採用しているならば，C社は，「Q町に出店」したほうが「P町に出店」する場合よりも大きな利得を獲得できる。つまり，D社の「P町に出店」という戦略に対するC社の最適戦略は「Q町に出店」することなのである。同様に考えると，C社が「Q町に出店」という戦略をとっているときのD社の最適戦略は，「P町に出店」である。

　このように，「C社が『Q町に出店』する，D社が『P町に出店』するという戦略をとっている」という状態では，両社は互いに最適戦略を出し合っているのである。つまり，この状態はナッシュ均衡なのである。

　表4－3のゲームで1つ注意すべきことがある。いま述べたように，「C社＝『Q町に出店』，D社＝『P町に出店』」という戦略の組み合わせはナッシュ均衡（ナッシュ均衡その1）であるが，このゲームのナッシュ均衡はもう1つある。それは，「C社＝『P町に出店』，D社＝『Q町に出店』」（ナッシュ均衡その2）という状態である（証明はProblems）。いずれのナッシュ均衡においても，両企業は異なる町に出店することで，「棲み分け」を図るのである。

　ナッシュ均衡が成立していると，どのプレイヤーも戦略を変更して現状（均衡状態）から逸脱しようとする動機をもたなくなる。実際，たとえば，表4－1の「ナッシュ均衡その1」が成立しているのならば，D社が「P町に出店」という戦略を採用しているかぎり，C社は「Q町に出店」という戦略を維持し続けることで8の利得を維持できるが，「P町に出店」という戦略に変更すると利得は3に下がってしまう。

　つまり，C社にとって現在の戦略を変更することは自社に不利益をもたらすので，戦略を変更すべき理由がないことになる。同様に考えると，D社もまた戦略変更の動機をもたないので，結局いったんナッシュ均衡が成立してしまうと，その状態はそのまま安定的に持続するのである。そのような意味で，まさにナッシュ均衡は「均衡」とよぶにふさわしい状態なのである。

5 行動と戦略

(1) ゲームの木

　ゲーム理論において，行動と戦略は明白に異なる概念である。「行動」は，プレイヤーがゲームの各局面で行う選択を意味しているのに対して，「戦略」は「行動の予定表」である。

　たとえば，囲碁や将棋などにおいては，自分の番が来たときに，どの駒をどう動かすのかが行動である。それに対して，勝負の全貌を見渡しながら「もしこうなったら，この駒をこう動かそう…」というふうに，将来にわたっての駒の動かし方を記述したものが戦略である。

　つまり，行動が毎期のきわめて短期的な選択を表すものなのに対して，戦略はゲームの終わりまでを見とおしたきわめて長期的な選択を表すものなのである。

　もっとも前節までに考えてきた戦略型ゲームでは，両プレイヤーが同時に戦略を提示して，1回かぎりでゲームは終了してしまった。したがって，そのような場合には，「行動の予定表（＝戦略）」に書かれる予定はただ1つだけである。つまり，このような1回かぎりのゲームでは，戦略と行動を同一視できることになる。

　しかし，上述の囲碁や将棋などのように，各プレイヤーの番が何度もめぐってくるようなゲームでは，戦略と行動の区別は必須になってくる。さらに，このような1回かぎりで終わらないゲームでは，①どういう順番でプレイヤーの番が回ってくるのかということと，②プレイヤーは，自分の番が来たときにどういう情報をもっているのかということ—つまり，時間と情報の構造—が，ゲームを定式化するにあたってきちんと書き込まれていなければならない。

　先述の戦略型ゲームは，そもそも1回かぎりで同時に行われるゲームをモデル化したものであるから，そこに時間と情報の構造をわかりやすくとり入れるのは容易でない。そのような場合に有効なのが，ゲームの木という図を用いて，ゲームの進行を視覚的に理解しやすい形で表すやり方である。ゲームの木を用

いて表現されたゲームを展開型ゲームとよぶ。

（2）交渉の最終局面ゲーム

　この項では，ある交渉の例を用いて，展開型ゲームについて説明してみたい。Ａ社とＢ社が，12月24日に開催するイベントを共同で行うための交渉を行っていた。交渉は最終局面に来ていて，プロジェクトを実施した場合に見込まれる収益金の100万円を２社でどう分配するかということだけが解決すべき問題になっている。

　開催日が迫っているので，すぐに合意が成立しないとイベント自体が行えないというギリギリの場面に来ている。この最後の交渉ではＡ社が分配額を提案して，Ｂ社がそれを受け入れれば合意が成立するが，Ｂ社が拒絶すれば決裂ということになる。

　このゲームは，①Ａ社の提案のフェーズと②Ｂ社の回答のフェーズという２段階からなっているので，同時ゲームではない。したがって，戦略型で定式化するのは適切でないので，ゲームの木を用いた展開型で視覚的に表してみよう。ただし，一般論としてはＡ社の提案のパターンは多数あり得るが，ここではＡ社は次の２つの提案のうちのどれかを提案するものとしよう。

　　【提案Ⅰ】Ａ社が80万円，Ｂ社が20万円受け取る
　　【提案Ⅱ】Ａ社とＢ社は利益を折半する

　図４-１に描かれているのが，このゲームの木である。これは文字どおり「木」を横に倒した形の図で，左から右へ時間が進行していくことになる。この図で○で囲んだ点が３つあるが，それぞれの点はプレイヤーが意思決定をする場所を表している（そのような意思決定の場所を「情報集合」とよぶ）。このうちＡと表示されているのはプレイヤーＡが意思決定をする場所で，ＢおよびＢ'と表示されているのはプレイヤーＢが意思決定をする場所である。

　以上述べたことを前提に，このゲームにおける意思決定の流れをみていこう。まず，このゲームでは，一番左の○で囲んだところで，Ａ社が最初に意思決定をする。Ａ社の選択肢は，この点から延びている２つの線（これは枝とよばれている）で表されている。上の枝は，「【提案Ⅰ】を行う」という選択肢を，下の枝は「【提案Ⅱ】を行う」という選択肢を表している。

図4−1

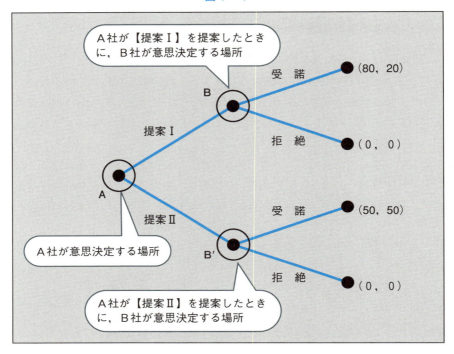

　A社の意思決定に続いて，B社が意思決定を行う。B社は，A社がどちらの枝を選んだのかを知ったうえで選択をする。すなわち，もしA社が上の枝（【提案Ⅰ】）を選んだならば，Bと書かれた場所で意思決定し，上の枝（【受諾】）と下の枝（【拒絶】）から一方を選ぶという選択を行う。また，A社が下の枝（【提案Ⅱ】）を選択した場合には，B′と書かれた場所で意思決定が行われ，やはり上の枝（【受諾】）と下の枝（【拒絶】）という選択肢の中から1つが選ばれる。

　このように，ゲームの木（図4−1）を用いると，いま述べたような形でゲームの進行の様子がたちどころにわかるのである。

（3）展開型ゲームのナッシュ均衡

　図4−2のゲームでは，A社が意思決定をする場所は1か所しかないが，B

社のそれは2か所（点Bと点B'）ある。先述のように，戦略とは「行動の予定表」であるから，それは当然にゲームの遂行前に立案されなければならない。

図4－1のゲームで，B社が意思決定し得る場所は2か所あり，B社がそのどちらで意思決定をすることになるのかは，A社次第である。したがって，「行動の予定表」を記述するに際しては，「もし自分がBという場所で意思決定を行うならば，△△という行動を選ぶが，B'という場所で意思決定を行うならば，××という行動を選ぶ」というように，「もし～ならば」という条件つきで記述されなければならない。

点Bと点B'から延びている枝はそれぞれ2本ずつだから，結局B社がとり得る戦略は表4－4のように4とおりあることになる。それに対してA社が意思決定をする場所は1か所しかないので，A社にとって行動と戦略は同じものである。

このようにして，このゲームの戦略が具体的にどのようなものであるのかがわかった。これがわかると，今度は図4－1の展開型ゲームを戦略型ゲームに変換することが可能になる。それが表4－5の戦略型ゲームである。

表4－4　B社がとり得る戦略

戦略1	Bで受諾し，B'でも受諾する
戦略2	Bで受諾し，B'では拒絶する
戦略3	Bで拒絶し，B'では受諾する
戦略4	Bで拒絶し，B'でも拒絶する

表4－5　図4－2のゲームを戦略型にする

A社＼B社	戦略1	戦略2	戦略3	戦略4
提案Ⅰ	(80, 20)	(80, 20)	(0, 0)	(0, 0)
提案Ⅱ	(50, 50)	(0, 0)	(50, 50)	(0, 0)

ナッシュ均衡その1：（戦略1，提案Ⅰ）
ナッシュ均衡その2：（戦略2，提案Ⅰ）
ナッシュ均衡その3：（戦略3，提案Ⅱ）

この表がどのように作られたかであるが，たとえば，A社が「提案Ⅰ」，B社が「戦略1」を採用した場合を考えてみよう。その場合，図4－1に戻って考えると，まずA社が行動して上の枝が選び，その結果，B社は点Bで意思決定することになる。戦略1の下で，B社は，点Bで上の枝を選ぶので，結局（80，20）の利得が成立することになる。A社とB社がこれ以外の戦略の組み合わせを選んだときにも，同様の考え方でそれぞれの場合の利得を求めていくことで，表4－5が得られるのである。

　このゲームには，「その1」から「その3」まで，3つのナッシュ均衡がある。「その1」もしくは「その2」が成立したときには，A社は「提案Ⅰ」という強気の提案をして，B社はそれを受け入れている。しかし，「その3」では，A社が行う提案は弱気の「提案Ⅱ」で，それをB社が受け入れることになる。

　このように，①「その1」または「その2」と，②「その3」を比べると，①では最終的に「提案Ⅰ」が実現するのに，②では「提案Ⅱ」が実現することになる。つまり，①のタイプの均衡と②のタイプのそれは，まったく性質の異なる均衡であり，ゲームの帰結はまったく異なったものになってしまっている。このゲームが実施されたときに，いったいどちらのタイプの均衡が実現する可能性が高いのだろうか。

　実は，ナッシュ均衡というのは，ゲームの帰結がもつべき最低限の条件をみたしているものでしかないので，このケースのように性質のまったく異なる状態がともにナッシュ均衡になることがあり得るのである。そのようなときに，それぞれの均衡の性質などをさらに吟味していくことによって，より成立する可能性が高い均衡を選びとることができる。結論を先どりしておくと，いま考えているゲームの場合，「均衡3」が成立する可能性は低いのである。項を改めてその理由を説明しよう。

（4）威嚇の有効性

　表4－5のゲームで「その3」のナッシュ均衡がなぜ成立したのかを考えてみると，実はB社がとった戦略のある性質が効いていることがわかる。「その3」の均衡が成立したときに，B社は戦略3をとっているのだが，この均衡で

実現しているのは点B′なので，戦略3の内容のうち「点Bで拒絶する」という部分は実現していない。

ところが，「その3」が均衡になるにあたって，実現していない「点Bにおける行動の宣言」が実は重大な意味をもっているのである。つまり，この戦略で「点Bでは断固拒絶する」とB社に宣言されてしまった以上，A社としてはもし「提案Ⅰ」を採用してしまうと利得がゼロになってしまうのである。そのようなおそれがあるからこそ，A社は「提案Ⅰ」の採用をあきらめて，よりB社に有利な「提案Ⅱ」を採用せざるをえなかったのである。

<u>威嚇</u>（脅し）というのは，たとえば「もし〜してくれなければ，殴るぞ！」というように，ある者が潜在的な可能性を提示することによって，相手の行動を変えさせようとする行為である。「その3」の均衡でB社がやったことは，「もし点Bが実現するような提案をしたら，この話し合いを決裂させるぞ！」と脅すに等しいことなのである。そして，A社はその脅しに屈してしまったわけである。

しかし，威嚇には実効性の高いものとそうでないものとがある。たとえば，先ほどの「殴るぞ！」という威嚇にしても，そういって脅した者がみるからに弱々しくて腕力のかけらもなさそうな人物であったならば，彼の威嚇にはまったく実効性がないだろう。

そう考えると，戦略3に内包されている威嚇に，はたして実効性があるのかどうかを検討しておく必要がある。そこで，もしA社がB社の威嚇を振り切って「提案Ⅰ」を採用してしまったらどうなるのかを考えてみよう。つまり強引に点Bを実現させてしまうのである。

その場合には，B社がもし威嚇で予告したとおりにA社の提案を拒絶してしまったら，利得はゼロになってしまう。しかし，提案を受諾すれば20の利得が得られる。つまり，A社が「提案Ⅰ」を強行すれば，B社が戦略3のとおりに行動してしまうとB社にとっての不利益がもたらされるのである。したがって，B社は威嚇が想定した状況が顕在化したときには，もはやその威嚇を実行できないのである。

A社が思慮深いプレイヤーであるなら，彼らはB社からの威嚇を受けたとき，当然いま述べたようなストーリーに思いいたり，B社の威嚇に実効性がないこ

とを見抜いてしまうだろう。つまり，その意味でB社の威嚇は有効な威嚇とはいい難いのである。

　その3のナッシュ均衡が有効でない威嚇にもとづいている以上，この均衡が実現する可能性は低いといわざるをえない。したがって，このゲームでは，A社が強気の提案（提案Ⅰ）を行って，B社がしぶしぶそれを受諾するという均衡状態が実現する蓋然性が高いのである。

　図4－1のような最終通告型のゲームでは，結局Aの取り分が多くなるような均衡が成立してしまうことからわかるように，最初に行動するプレイヤー（この場合はA社）は，後で行動するプレイヤーよりも圧倒的に有利な立場に置かれているのである。つまりこれは，先手必勝型のゲームである。

　図4－1ではA社が先手になることを仮定してゲームを構築したが，さらに複雑（かつ現実的）な状況を考えれば，この前段階にどちらが先手になるのかをめぐっての熾烈な争いの局面を想定することができるだろう。そして，この種の先手必勝の構造をもっているゲームでは，先手争いに勝利することが自分の利得をより大きくするためのカギになっているのである。

Problems

1．企業が第1節と第2節で述べた「際限なき価格引き下げ競争」を回避するための1つの手段として考えられるのが，「製品の差別化」である。製品差別化がうまくいくケースとうまくいかないケースを，現実的な事例にもとづいて議論しなさい。
2．表4－2のゲームで，「自白する」がどちらのプレイヤーにとっても支配戦略になっていることを示しなさい。
3．「囚人のジレンマ」と同じ構造をもったゲームの例を2つあげ，その利得表を書きなさい。
4．表4－3のゲームで，「C社がP町に出店し，D社がQ町に出店する」という状態もまたナッシュ均衡になっていることを示しなさい。
5．表4－5のゲームで，「その1」から「その3」までがナッシュ均衡であることを確認しなさい。

Chapter 5

企業の経済学と日本企業

　私たちの生活は，さまざまな形で企業と関係している。消費者として，財・サービスを購入する。労働者として労働サービスを提供し賃金を受け取る。また，株式を購入し，配当を受け取る。このことを企業サイドからみるとどうであろうか。企業は，資本および労働という生産要素を投入して財・サービスを生産する。私たちの労働サービスは，生産要素の一部として，財・サービスの生産に投入されることになる。また，生産された財・サービスは市場において，私たち消費者に販売される。このような活動において，企業はさまざまな意思決定を行う。どのような財をどれだけ生産するか，そのためにはどれだけの生産要素を投入するかを決定する。

　ここでは，企業について学ぶ。まず，第1節において，代表的な形態である株式会社の仕組みについて説明し，続く第2節では，ミクロ経済学における企業の理論を記述する。第3節では，雇用・金融面からみた日本企業の特徴を説明する。

● Key Words ●

有限責任，所有と経営の分離，配当，株式売却益（キャピタル・ゲイン），株式売却損（キャピタル・ロス），配当割引モデル(DDM)，現在価値（PV），割引率，純現在価値(NPV)，議決権，利益配当請求権，総費用，固定費用，可変費用，総費用曲線，費用関数，平均費用（AC），限界費用（MC），平均可変費用（AVC），利潤最大化，長期雇用，年功賃金，インセンティブ，メインバンク

1 会社の仕組み

(1) 企業の数と株式会社の特徴

　日本には，どれだけの企業が存在するのだろうか。『中小企業白書（2014年版）』によれば，日本には386.4万社の企業が存在する。このうち大企業は1.1万社，中小企業が385.3万社と企業のほとんどが中小企業であることがわかる。中小企業の中で小企業（小規模事業者）が334.3万社であることから，中小企業のほとんどが小企業であることもわかる。従業員数でみても大企業の従業員数が1,397万人，中小企業の従業員数が3,217万人と労働者の多くが中小企業で働いている。当たり前の話であるが，大企業もはじめは小企業として出発することがほとんどである。小企業が市場で成功を重ねることで，大企業へと成長することになる。成長した企業は東京証券取引所に上場することもある。これは，上場することで資金調達を円滑にすることができたり，社会的な信用を得ることができるためである。2014年11月時点で，東京証券取引所には第一部に1,841社，第二部に543社，その他の市場に1,056社の3,440社が上場している。うち，12社が外国会社である。われわれが企業について考える際には大企業を思い浮かべることが多いが，日本の全企業数からみると上場企業の数は極めて小さいことに留意する必要がある。

　Columnにも記述したように，企業の形態は株式会社だけではない。しかし，大企業にかぎっていえばそのほとんどが株式会社である。そこで，株式会社にはどのような特徴があるかをみよう。

　株式会社の重要な特徴としては，有限責任および所有と経営の分離の2つがあげられる。有限責任とは，株主が出資した額についてのみ責任を負い，出資した額以上の責任を負わないことをいう。たとえば，企業に10万円出資したとする。その企業が50万円の損失を出したとしても，出資者は出資額以上の責任を負わない。この場合，出資者は出資した10万円を失うだけで，残りの40万円に対しては責任を負わない。

　有限責任はなぜ存在するのだろうか。有限責任がなく，出資者は会社の損失

持分会社とNPO

　会社法からみた場合，会社は営利事業を行い，それによって得た利益を出資者である構成員に分配する法人である。このような会社としては，株式会社の他に持分会社が定められている。株式会社とは，多数の出資者から資金を調達し，大規模な事業を行う会社であり，出資者と経営者は必ずしも一致しない。

　これに対して，持分会社とは，比較的少人数の社員が人的信頼関係をもちながら事業を行う会社であり，出資者が経営を行うものとされている。持分会社は，無限責任社員のみからなる場合を合名会社，無限責任社員と有限責任社員からなる場合を合資会社，有限責任社員からのみなる場合が合同会社に分けられる。

　これらの会社に対して，病院や学校のように利益を目的としない組織もある。これらの団体は一般にNPO（Nonprofit Organization）とよばれる。NPOとは，非営利の活動を行う非政府，民間の組織のことである。NPOには，学校，病院，環境団体，市民団体などが含まれる。広い意味では政治団体，宗教団体なども含まれる。NPOの特徴は，利益を分配せずに内部に留保することである。このことは，非分配制約とよばれる。NPOだからといって利益をあげてはいけないということではない。

に対して無限に責任を負うとすると，どのような問題が発生するだろうか。いま，成功する確率がそれほど高くはないが，成功すると大きな収益が得られるようなプロジェクトがあるとする。しかし，失敗したときの会社の損失がいくらになるかは不確実であるとしよう。

　成功したときの収益を考えると，出資者はこのプロジェクトに投資する。しかし，無限責任であれば，プロジェクトが失敗したときに，出資者が個人としてどれだけの損失を被るかは不確実であることになる。このようなプロジェクトに投資する投資家は少ないであろう。とくに，一般投資家から資金を集めて大きなプロジェクトを行うことは不可能となる。結果として，このプロジェクトは実行されない。

このように，有限責任がなければリスクのあるプロジェクトには投資が行われなくなってしまう。実際には，多額の資金が必要で，失敗のリスクがあるものの，成功すると大きな収益が得られるようなプロジェクトは多数存在する。このようなプロジェクトが行われるためには，有限責任が必要である。

株式会社のもう1つの特徴は所有と経営の分離である。これは会社の所有者とされる株主と，実際に会社の資産を運営して業務を行う経営者が同一人物ではないことを意味している。株式会社は多数の投資家から資金を調達する。それぞれの投資家は必ずしも経営の専門家ではない。株主には，配当などの収益だけ受け取れば，企業の業務には興味をもたない者もいる。そこで，企業の経営は専門的経営者が行うことが多い。

このことは，多数の投資家から資金を集めることができる一方で，別の問題を引き起こす可能性もある。それは，経営者が，株主の意思とは別に，経営者個人の利害を最大化するように企業を経営するという問題である。株主が経営者に望むことは，業績をあげることである。しかし，経営者は企業の経営に対して強い権力をもっており，企業の資源を株主のためではなく，経営者個人のために使ってしまう危険がある。経営者が企業の資金で不必要に豪華なジェット機を購入したり，自分の知り合いの会社に有利な取引をしたりする可能性がある。

株式会社があげる利益は内部留保にまわされる分などを除き，株主に配当として分配される。株主は配当を受け取ることに加えて，企業の業績が向上し，株価が上昇した場合，株式売却益（キャピタル・ゲイン）を受け取ることができる。一方，会社の業績が悪化し株価が下落した場合には，株主は売却することで株式売却損失（キャピタル・ロス）を被ることになる。株主は損失のリスクを負うが，有限責任により，出資額以上の責任を負うことはない。また，会社の将来に対して不安をもつ場合には，第三者に株式を譲渡することも可能である。このような株式会社の仕組みによって，リスクがあるプロジェクトに対して，多数の一般投資家から資金を調達することが可能となる。

(2) 現在価値

株価はそもそもどのように決定されるのだろうか。株価の決定についてはさまざまなモデルが存在するが、ここでは標準的な配当割引モデル（DDM）を考える。配当割引モデルは現在価値の概念が基本となる。まず、現在価値の概念を説明することにしよう。

今年の100万円と来年の100万円は同じ価値だろうか。今年受け取った場合でも、来年受け取った場合でも受け取る額は同じである。しかし、利子率を考えると、価値は同じではない。いま、銀行預金の利子率が10％であったとしよう。そうすると、今年100万円を預けると、来年には110万円受け取ることができる。すなわち、今年の100万円と来年の110万円は同じ価値をもつことになる。このように、今年の100万円のほうが、来年の100万円よりも高い価値をもつことになる。

それでは、来年の100万円は、今年いくらの現金と同じ価値をもつのであろうか。それを考える際には、「今年、いくらの現金を預けると来年100万円になるか」を考えればよい。利子率が100×r％である場合は、今年A円を預けると、1年後には$A(1+r)$円となる。利子率が10％であれば、今年100／1.1万円預けると、来年100万円になることがわかる。このように将来の現金を現在の価値で計算しなおすことを「割り引く（ディスカウント）」といい、利子率のことを割引率という。また、将来の現金を割り引いた後の現在の価値のことを現在価値（PV）という。この例でいうと、「来年の100万円を10％の割引率で割り引いた現在価値は100／1.1万円である」ということができる。では、2年後の100万円を10％の割引率で割り引いた現在価値はいくらだろうか。この場合も、「いま、いくらの現金を預けると2年後に100万円になるか」を考えればよい。すなわち、今年、100／$(1.1)^2$万円だけ貯金すると1年後には100／1.1万円、2年後には100万円になる。

割引率をrとすると、1年後のC円の現在価値は$C/(1+r)$円と表すことができる。また、2年後のC円の現在価値は、$C/(1+r)^2$円と表される。一般に、t年後のC円の現在価値は$C/(1+r)^t$円と表すことができる。

割引率の考え方は、さまざまに応用することができる。例として、来年から

5年間，毎年，100円ずつ配当が確実に入ってくるような株式を考える。上に示したように，1年後，2年後に得られる100円の現在価値は同じではない。利子率が5％であれば，1年後，2年後の100円の現在価値はそれぞれ$100/(1+0.05)$，$100/(1+0.05)^2$となる。そこで，5年間の配当の現在価値をすべて加えたものは，次のようになる。

$$\frac{100}{1+0.05} + \frac{100}{(1+0.05)^2} + \frac{100}{(1+0.05)^3} + \frac{100}{(1+0.05)^4} + \frac{100}{(1+0.05)^5} = 432.95$$

すなわち，この株式の配当収入の現在価値は432.95円であるといえる。この現在価値の計算は，企業が新しい工場に対して投資するときなど，プロジェクトの収支を計算するために用いられる。

たとえば，他の会社を買収するかどうかの意思決定を行おうとしている企業を考えよう。その際には，買収によって得られる収益と費用を比較して意思決定を行う。買収によって期待される収益の計算に現在価値を用いる。収益の現在価値が費用を上回っているのであれば，買収を行うことになる。期待される収益の現在価値から費用を引いたものを純現在価値（NPV）という。純現在価値がゼロよりも大きいプロジェクトに対しては投資を行うことで利益を得ることができる。

（3）株価の決定

現在価値の概念は，株式や土地などの資産の価格を計算するのにも用いられる。その前に，株式を所有するということはどういうことかを整理しておこう。株主は企業に対して，議決権と利益配当請求権の2つの権利をもつ。議決権とは，株主総会を通じて企業の重要な意思決定に対して投票する権利をもつということである。取締役の選任や，重要な資産の売買など企業の重要な意思決定に対して，投票する権利をもつ。利益配当権とは，企業の利益を配当として受け取る権利である。株価を考える際には，利益配当権が重要となる。

株式の価値は，「その株式から得られる収益の現在価値の合計」と考えるこ

とができる。株式の場合，配当収入とキャピタル・ゲインが収益のもとであるが，配当収入が主なものであるとすると，株価はどのように決まるであろうか。このことを考える際に，現在価値の概念が用いられる。株式の価格は，その株式を保有することから得られる配当収入の現在価値の合計であるから，株式の価格をP_s，配当をD，割引率をrとすると次のように表すことができる。ただし，配当は毎年一定額とする。また，この会社は永遠に存在するものとする。

$$P_s = \frac{D}{1+r} + \frac{D}{(1+r)^2} + \frac{D}{(1+r)^3} + \cdots + \frac{D}{(1+r)^n} + \cdots$$

この両辺に（1 + r）をかけると，次のようになる。

$$(1+r)P_s = D + \frac{D}{1+r} + \frac{D}{(1+r)^2} + \cdots + \frac{D}{(1+r)^{n-1}} + \cdots$$

この式から$P_s - (1+r)P_s$を求めれば，次の式を得ることができる。

$$rP_s = D$$

さらに変形すると，次の式となる。

$$P_s = \frac{D}{r}$$

この式によると，株価は配当と割引率によって決定されることになる。式から明らかなように，配当が高い企業ほど，株価が高い。また，割引率が高いほど，株価は低くなる。このように配当と割引率によって株価が決まるというモデルを配当割引モデルという。

ここまでは配当額が一定であると仮定してきた。しかし，企業が成長するときには配当額も成長することが見込まれる。企業が成長し，配当も成長するのであれば，投資家はそのような企業の株価を高く評価するだろう。このこと示したのが配当定率成長モデルである。

いま，配当Dが毎年一定の割合gで成長しているとしよう。このとき$0 < g < 1$である。すなわち，毎年の配当額は次のように表すことができる。

$$D, (1+g)D, (1+g)^2 D, \cdots$$

このとき，毎年の配当収入の現在価値は以下のように示される。

$$\frac{D}{1+r}, \quad \frac{(1+g)D}{(1+r)^2}, \quad \frac{(1+g)^2 D}{(1+r)^3} \cdots$$

上で示したように，株価は配当収入の現在価値の合計であるから，株式価値を P_{S2}，配当を D，配当成長率を g，割引率を r とすると，株式価値は以下のように示すことができる。

$$P_{S2} = \frac{D}{1+r} + \frac{(1+g)D}{(1+r)^2} + \frac{(1+g)^2 D}{(1+r)^3} \cdots$$

この式の両辺に $(1+r)/(1+g)$ をかけると次の式となる。

$$P_{S2}\frac{1+r}{1+g} = \frac{D}{1+g} + \frac{D}{1+r} + \frac{(1+g)D}{(1+r)^2} + \cdots$$

これらの式から $P_{S2}((1+r)/(1+g)) - P_{S2}$ を計算し，変形すると次の式を得ることができる。

$$P_{S2} = \frac{D}{r-g}$$

なお，この式は $r > g$ であることを前提としている。この式から配当が一定の場合と比べて，配当が増加することが見込まれる場合には株価が高くなることがわかる。

たとえば，配当 $D=20$，割引率 $r=0.05$ の状況を考えよう。配当が一定であれば，株価は $D/r=20/0.05=400$ となる。一方，株価が毎年1％成長する場合には株価は $D/(r-g)=20/(0.05-0.01)=500$ となる。

なお，これらのモデルは株価だけではなく，利益を生む資産について同様に適用することができる。たとえば，投資用不動産を考えよう。投資用不動産は毎年，一定の家賃収入をもたらす。この不動産の価値は将来の家賃収入の現在価値の合計と考えることができる。また，企業を買収することを考えよう。ある企業を買収するということは，その企業の生み出す利益を得る権利を購入するということである。この権利の価値は，その企業が生み出す将来の利益の現在価値の合計と考えることができる。このように，このモデルは利益をもたら

す資産の価値を説明するモデルと考えることができる。

ミクロ経済学における企業の理論

(1) 費用曲線

　この節では，ミクロ経済学における企業の理論を紹介する。ミクロ経済学においては，企業は生産活動を担当する。つまり，企業は生産要素を投入すると，生産物が産出されるという抽象化された関係としてとらえられる。ここでは株主や経営者といった存在は考えず，ブラック・ボックスとして企業を考える。

　企業が財を生産する際には，費用が発生する。その総費用（Total Cost）は固定費用（Fixed Cost）と可変費用（Variable Cost）に分けることができる。固定費用とは，生産する財の量と関係なく発生する費用であり，可変費用とは，生産量に応じて増減する費用である。総費用と固定費用，可変費用の関係を式で表すと以下のようになる。

$$総費用（TC）= 固定費用（FC）+ 可変費用（VC）$$

　たとえば，借りた土地に工場をもつ製造業企業を考えよう。工場の土地の賃貸料は，売り上げと関係なく，毎年，一定額だけ支払う必要があるとする。この場合の賃貸料は，一定であるから固定費用の例である。一方，製品の原材料費などは，生産量が増加するに伴って増えるため，可変費用の一部となる。また，生産量が増加すると，労働投入量も多く必要となることから，労働費用も可変費用の一部となる。

　総費用と生産量の関係を表したものが図5－1である。横軸は生産量，縦軸は総費用である。この曲線を総費用曲線とよぶ。生産量がゼロの場合でも固定費用は発生するため，切片はゼロよりも大きくなる。生産量が増加するにしたがって費用は増加するため，総費用曲線は右上がりとなる。ここで注意すべきは，総費用曲線が右上がりの直線ではなく，逆S字型をしていることである。このことは，はじめのうちは生産量が多くなるにしたがって，製品1単位あたりの費用が低下する一方，ある程度の生産量を超えた後は，製品1単位あたり

図5−1 総費用曲線と可変費用曲線

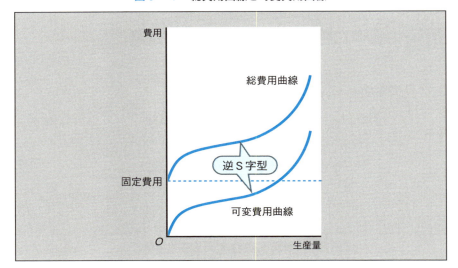

の費用が大きくなる状況を示している。この図から，総費用は生産量の関数として表せることがわかる。この関数を費用関数という。逆S字型の総費用曲線は，ミクロ経済学において標準的な仮定である。

(2) 平均費用，限界費用，平均可変費用

製品1単位あたりの生産費用を平均費用（Average Cost）という。平均費用は以下のように表すことができる。

$$平均費用 = \frac{総費用}{生産量}$$

平均費用ACは，図では原点と総費用曲線上の点を結んだ線の傾きとなる。図からわかるように，生産量が大きくなると，製品1単位あたりの固定費用が小さくなるために，平均費用はある程度減少する。しかし，生産量がある量を超えると増加する。

図 5 − 2　平均費用と限界費用

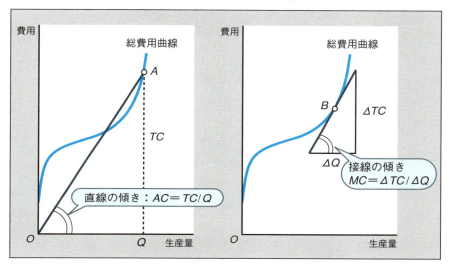

　現在の生産量から，あと 1 単位だけ追加的に生産した場合にかかる費用を限界費用（Marginal Cost）という。限界費用は次のように表すことができる。

$$限界費用 = \frac{\Delta 総費用}{\Delta 生産量}$$

ここで，Δ は変化量を表す記号である。限界費用 MC は，図では総費用曲線の接線の傾きとなる。限界費用は，図からわかるように当初は減少するが，生産量が大きくなるにつれて増加する。図 5 − 2 は，平均費用と限界費用がどのように表されるかを示したものである。

　平均費用と限界費用の重要な特徴は，平均費用が最小となる生産量で限界費用と平均費用が一致するということである。これを示したのが図 5 − 3 であり，平均費用が最小となる点で，平均費用＝限界費用となることがわかる。

　また，平均可変費用（Average Variable Cost）とは，製品 1 単位あたりの可変費用である。平均可変費用は以下の式で表される。

図 5 − 3　平均費用と限界費用が一致する点

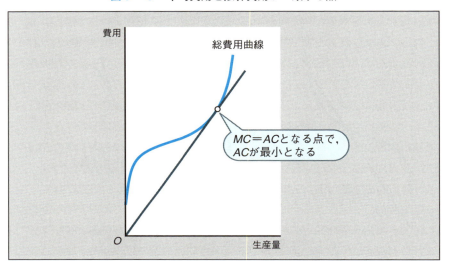

図 5 − 4　平均費用 (AC)，平均可変費用 (AVC)，限界費用 (MC) と生産量 Q の関係

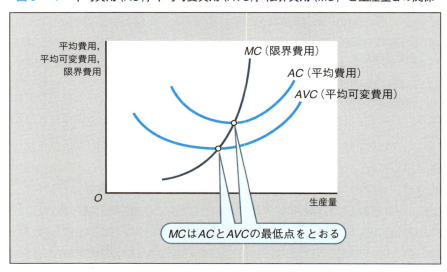

$$\text{平均可変費用} = \frac{\text{可変費用}}{\text{生産量}}$$

平均可変費用AVCは，原点と可変費用曲線上の点を結んだ線の傾きとなる。限界費用，平均費用，平均可変費用を表したのが図5－4である。

(3) 利潤最大化

上で説明されたような費用関数をもつ企業は，生産量をどのように決定するのであろうか。ここで，企業の行動に関して2つの仮定をおく。1つめは，完全競争市場のプライス・テイカーの仮定である。すなわち，企業は生産量を決定することはできるが，価格を決定することはできない。実際の大企業においては，企業はある程度の価格決定力をもっていると考えられる。しかしながら，ここでは価格は市場で決まり，その価格をみて，企業が生産量を決定するような状況を考える。もう1つの仮定は，企業は生産した財をすべて販売することができるということである。実際の企業では，生産量＝販売量とはならない。しかし，ここでは製品差別化がないため，生産した財はすべて販売されると仮定する。

企業は，利潤が最大となるように生産量を決定する。このことを利潤最大化という。利潤πは，収入から費用を引いたものとして定義される。

利潤 ＝ 収入 － 費用
$\pi = PQ - TC$

ここで，Pは製品の価格，Qは生産量，TCは総費用である。図5－5はこのような状況を示している。横軸が生産量，縦軸が収入，費用，利潤である。収入は原点から右上がりの直線となる。生産量がゼロであれば収入もゼロであるから原点をとおる。価格は一定であるから製品1単位あたりの収入は一定となり，右上がりの直線となる。また，費用は前に説明したように逆S字型の曲線となる。

図のQ_2の右側のように，収入のほうが費用よりも上であれば，正の利潤（黒字）となる。逆に，Q_2の左側のように収入のほうが費用よりも下であれば

図 5 − 5 最適生産量の決定

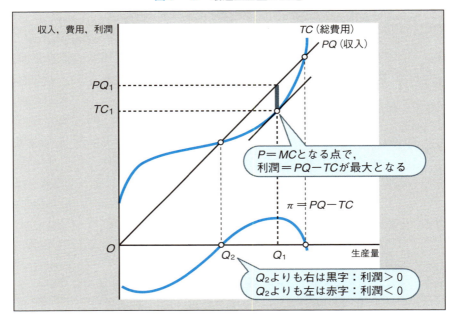

負の利潤（赤字）となる。それぞれの生産量に対して，利潤 $\pi = PQ - TC$ を計算して描いたのが図の π である。生産量が Q_2 を下回ると赤字であり，Q_2 よりも大きくなると黒字となることがわかる。企業は利潤が最大となるように生産量を決定するため，収入＞費用かつ，収入と費用の幅が最も大きい Q_1 が最適点となる。すなわち，このときの生産量は Q_1 となる。

（4）企業の供給曲線

企業が利潤を最大化するための条件はなにか。図 5 − 5 が示しているように収入と費用の幅が最も大きくなるのは，総費用曲線の接線の傾きと収入を表す直線の傾きが等しくなるところである。総費用曲線の傾きは限界費用，収入を表す直線の傾きは価格（P）であるから，企業が利潤を最大化するための条件は以下のように表すことができる。

$P = MC$

すなわち，価格と限界費用が等しいときに企業の利潤は最大化される。

いま，製品価格$P=100$円であるとする。企業はプライス・テイカーであるから，$MC=100$となるように生産量を決定することになる。別の例を考えてみよう。いま，仮に$P=100$，$MC=80$であったとする。このとき企業はどうするであろうか。あと1単位製品を作ると100円の収入がある一方で，追加的な費用は80円である。すなわち，あと1単位製品を作ると利潤が20円増加する。このため，企業は生産量を増加させるであろう。この生産量の増加は限界費用100円と価格が等しくなるまで行われる。限界費用は生産量が増加するにしたがって増加するため，どこかの生産量で$P=MC$となる。そこが，最適な生産量となる。

以上の議論から，企業は$P=MC$となる点で生産量を決定することがわかる。ここで重要なのは，企業がプライス・テイカーである，ということである。価格が上昇すると，企業はそれに対応して限界費用が増加するように生産量を決定する。限界費用は生産量の増加に伴って増加するから，価格が上昇すると，企業は生産量を増加させることがわかる。この価格と生産量の関係が供給曲線である。すなわち，限界費用曲線が供給曲線となる。

価格$P=$平均費用ACとなる点を損益分岐点とよぶ。価格が損益分岐点よりも高い場合には，企業は正の利潤をあげることができるが，損益分岐点よりも小さい場合には，損失が発生する。企業は損失が発生する場合にはどうするのであろうか。損失が発生している場合でも，操業を停止せずに継続する場合がある。それは，図5-6でいうと価格が操業停止点よりも上，すなわち価格$(P)>$平均可変費用(AVC)の場合である。$P=AVC$となる点を操業停止点とよぶ。価格が操業停止点を下回るときには，企業は操業を停止する。言い換えると，$P<AC$で赤字であったとしても，$P>AVC$であれば，企業は生産を継続する。

価格が$AVC<P<AC$のときに，企業はなぜ赤字でも操業を継続するのだろうか。いま，価格$P=80$，平均費用$AC=90$，平均可変費用$AVC=70$とする。このとき，価格$P<AC$で企業は赤字となるが操業は継続する。それは，$P>$

図5-6 損益分岐点，操業停止点と供給曲線

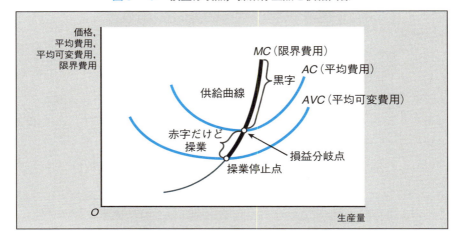

AVCがみたされているためである。価格が平均可変費用よりも大きいということは，製品1単位あたりの可変費用はすべて回収することができ，また固定費用の一部を回収することができるということである。企業が生産量を増減させても固定費用は変化しない。そこで，企業は赤字でも，固定費用を少しでも回収するために操業を継続することになる。

本節でみたような企業の理論には，多くの仮定が置かれていた。完全競争市場などの仮定は，一見，非現実的にみえるかもしれない。しかし，仮定が一見非現実的にみえるからといって，このようなモデルが無意味であるわけではない。現実を反映した複雑なモデルを考える前に，単純なモデルを構築する必要がある。また，単純なモデルから驚くほど有益なインプリケーションが得られるのも，また事実である。

（5）式でみる利潤最大化

前節でみた費用曲線と供給曲線の関係について式を用いてもう一度，みることにする。ここでは簡単な微分を用いるため，微分になじみのない読者は飛ばしてもかまわない。

企業の利潤 π は前節でみたように次のように表すことができる。

$$\pi = PQ - TC$$

ここで，P, Q, TC はそれぞれ価格，数量，総費用を表している。企業はプライス・テイカーであるから，価格 P は自分で決定することができない。ここで企業が決定することができるのは生産量 Q である。総費用は生産量に応じて変化するため，総費用 TC は Q の関数であると考えることができる。確認すると，企業が生産量を決定すると，PQ および TC も決まるため利潤も決まることになる。ここで企業が行うのは，利潤 π が最大となるように生産量 Q を決定することである。

このような問題は最適化問題とよばれ，ミクロ経済学やマクロ経済学では幅広く用いられている。数学的には，利潤 π を生産量 Q で微分したものが 0 となるときに利潤 π は最大となる。式で書くと，利潤最大化条件は以下のとおりになる。

利潤最大化条件 $\dfrac{\Delta \pi}{\Delta Q} = 0$

ここで，左辺の $\Delta \pi / \Delta Q$ は利潤 π を生産量 Q で微分したものである。生産量 Q がこの条件をみたすときに利潤は最大となる。言い換えると，企業は上の式をみたすように生産量 Q を決定する。

左辺 $\Delta \pi / \Delta Q$ についてもう少し詳しくみよう。上でみたように，$\pi = PQ - TC$ であるから利潤最大化条件の左辺 $\Delta \pi / \Delta Q$ は次のように表すことができる。

$$\frac{\Delta \pi}{\Delta Q} = \frac{\Delta(PQ - TC)}{\Delta Q} = \frac{\Delta(PQ)}{\Delta Q} - \frac{\Delta TC}{\Delta Q}$$

ここで，$\Delta(PQ)/\Delta Q$ は，生産量が 1 単位変化したときに企業の収入がいくら変化するかを示している。いま，価格 P は一定であるから，企業が 1 単位生産量を増加させたときの収入増は P である。よって $\Delta(PQ)/\Delta Q = P$ となる。また，$\Delta TC/\Delta Q$ は，企業が 1 単位生産量を増加させたときの総費用の増加であるため $\Delta TC/\Delta Q = MC$ であることがわかる。上の式を用いて利潤最大化条件を表すと以下のようになる。

利潤最大化条件 $\frac{\Delta \pi}{\Delta Q} = P - MC = 0$ より $P = MC$

このように，図を用いて得た条件と同じ利潤最大化条件を導くことができる。ここで，なぜ $\Delta \pi/\Delta Q$ が 0 となるときに利潤が最大となるかを簡単に説明しよう。まず，$\Delta \pi/\Delta Q$ は生産量 Q が変化したときの利潤の変化を示している。よって，$\Delta \pi/\Delta Q > 0$ であれば生産量を増加させると利潤が増加し，$\Delta \pi/\Delta Q < 0$ であれば生産量を減少させることで利潤が増加する。一方，$\Delta \pi/\Delta Q = 0$ の状況では，生産量を変化させても利潤を増加させることができない。よって $\Delta \pi/\Delta Q = 0$ が利潤最大化条件となる。

いま，ある財の価格が100，限界費用が50であるとする。このとき，企業が1単位生産量を増加させると収入は100増加し，総費用が50増加するため利潤は50増加する。すなわち，価格が限界費用よりも大きいときには企業は生産量を増加させることで利潤を増加させることができる。次に価格が100，限界費用が150であるとする。このとき，企業が生産量を1単位減少させたとしよう。このとき，企業の収入は100減少し，総費用が150減少するため利潤は50増加する。すなわち価格が限界費用よりも小さいときには企業は生産量を減少させることで利潤を増加させることができる。

別の例を用いて考えてみよう。いま，企業の総費用曲線が次のように表されるとする。

$$TC = 2 + \frac{Q^2}{2}$$

また，企業が直面する価格 $P = 4$ であるとする。このとき企業の利潤が最大となる生産量はいくらになるかを考えてみよう。価格は所与であるので，企業が決定できるのは生産量である。上にあるように利潤最大化条件は $P = MC$ である。限界費用は総費用 TC を生産量 Q で微分したものであるから，次のようになる。

$$MC = \frac{\Delta TC}{\Delta Q} = Q$$

価格 $P=4$，$MC=Q$ より利潤最大化条件は $4=Q$ となる。すなわち利潤を最大化する生産量は4となる。価格 $P=4$ より，このときの収入 $PQ=4\times4=16$，総費用 $TC=2+Q^2/2=10$ となる。よって利潤 $\pi=PQ-TC=16-10=6$ となる。

ここで，念のために，生産量が3のときと5のときの利潤を計算しておこう。生産量が3のとき，$\pi=PQ-TC=12-6.5=5.5$ である。また，生産量が5のとき，$\pi=PQ-TC=20-14.5=5.5$ である。すなわち，生産量が4のときは生産量をこれ以上増やしても減らしても利潤が減少することがわかる。

3 日本企業の特徴

(1) 日本企業と外国企業

新聞やテレビをみると外資系企業・外資系金融機関は通常の日本の企業や金融機関と異なった行動をとっている，と指摘されている。外資系企業は日本企業と比較して，合理的であるとか，成果に厳しく解雇されやすい反面，成果をあげた場合には巨額の報酬を受け取ることができる，などと報道されることもある。これらの主張の背後には，日本企業と外国企業では企業の行動，組織に差があるのではないか，という考えがある。

それでは，日本企業の行動・組織は外国と比較してどのような差異があるのであろうか。本節では，雇用および金融の面からみた日本企業の特徴を説明する。なお，日本にはさまざまな企業・組織があり，それぞれが独自の組織・戦略をもっているが，本節では主に上場企業を念頭に議論をする。

(2) 雇用からみた日本企業

日本企業には，伝統的に雇用面で大きな特徴があると考えられてきた。とくに大きな特徴として指摘されてきたのが，「長期雇用」と「年功賃金」の2つ

である。これらの特徴が本当に日本にしかみられないものなのか，近年，変化してきているのではないかといったことについてさまざまな実証分析が行われている。また，これらの特徴は企業の業績や生産性にどのような影響を与えるのか，ということに関しても幅広く分析されている。

　雇用制度を考える際に，重要な点はインセンティブである。インセンティブは動機づけ，誘因，意欲刺激といった日本語で表現されることもある。インセンティブとは，報酬などを用いて人びとや企業の行動を一定方向に仕向けることをいう。たとえば，出来高給のもとでは，固定給よりも従業員が熱心に働くインセンティブをもつであろう。このように，雇用制度を考える際には，従業員にどのようなインセンティブを与えるかを考えることが重要である。

　日本の特徴は長期雇用であるといわれる。長期雇用を文字どおり解釈すると長期間，1つの企業で働き続けることである。長期雇用ではなく，「終身雇用」という言葉もある。しかし「終身雇用」を文字どおり解釈すると，1つの会社で働き続けることであろうが，そのような契約はほとんど存在しない。実際に，日本でも企業が倒産したり，危機に陥ったりしたときに従業員が解雇されることはしばしばある。

　長期雇用のメリットとデメリットはなにか。企業からみた場合のデメリットはいくつか指摘することができる。売上高が減少した場合に，企業は労働者が過剰であると感じるかもしれない。企業は，十分な仕事がなくても労働者に賃金を支払うので，労働者を解雇することによって利益を向上させることができる。しかし，長期雇用のもとでは，企業は従業員を解雇することは容易ではない。このため，長期雇用のデメリットとして，企業が，余剰人員を抱え続けるということを指摘できる。

　それでは，長期雇用のメリットにはどのようなものがあるのだろうか。従業員からみた場合，長期雇用にメリットがあるのは明らかであろう。突然，企業から解雇を言い渡されたり，離職を勧められたりすることを希望する従業員はいない。自分からやめたくならないかぎり，現在，働いている企業に勤め続けたいと思うであろう。その点からみると，長期雇用は従業員にとって大きなメリットとなる。

　企業からみた場合，長期雇用のメリットはなにか。それは，従業員に対する

教育訓練を行いやすいということであろう。企業の生産性を向上させるために，従業員に対する教育訓練は欠かせない。教育訓練は研修や講義などの形をとることもあるし，実際に仕事をしながら行われる場合もある。現場で仕事をしながら技能を身につけることをOJT（On the Job Training）という。また，職場を離れて講義などの形で技能を身につけることをOff-JT（Off the Job Training）という。企業が費用を負担してまで従業員に対して教育訓練を行うのはなぜか。それは，従業員の技能が向上することで将来の企業の生産性・業績が向上すると期待するためである。この前提には，長期雇用がある。もし，従業員がいつ離職するかわからないのであれば，企業は教育訓練に投資しないであろう。従業員に投資をしても，その投資が無駄にはならないという期待を企業・従業員の双方が共有しているときに教育訓練は行われやすい。言い換えると，長期雇用が成立している場合には，従業員に対して教育訓練が行われやすいといえる。

　教育訓練によって身につけられる技能には2種類ある。1つは，企業特殊的熟練であり，もう1つは一般的熟練である。企業特殊的熟練とは，その企業では，生産性を向上させる効果があるが，他の企業ではそのような効果がないような技能をいう。たとえば，ビジネスで一般に使用されていない特殊な言語の能力，1つの企業でしか取り扱われていない製品に関する知識などがあげられる。これに対して一般的熟練とは，どの企業においても生産性を向上させるような技能のことをいう。たとえば，英語の能力や企業財務に関する知識などは，どの企業でも有効であろう。これらの知識は一般的熟練であるといえる。日本の企業は，アメリカの企業と比較して企業特殊的な熟練が発達しているといわれている。このことは，日本の企業において長期雇用が一般的であることと整合的である。

　日本の雇用のもう1つの特徴として，年功賃金が指摘される。年功賃金とは，年齢や勤続年数とともに賃金が上昇するということである。一般に，日本では大学や高校を卒業して，一括して企業に採用されることが広く行われている。一括採用された後，企業で教育訓練を受け，配置転換などを経験する。勤続を重ねるにしたがって報酬も上昇していく。すなわち，事後的には年齢が高く勤続年数が長くなるにしたがって，賃金が高くなることになる。

年功賃金にはどのようなメリット・デメリットがあるのだろうか。年功賃金が年齢・勤続年数が長くなるにしたがって賃金が自動的に伸びるシステムであるのならば，大きな問題がある。努力して業績を向上させた従業員と，努力せずに業績が悪い従業員のどちらも同じように賃金が上昇するのであれば，従業員は努力しようと思わないであろう。また，技能を向上させても，させなくても賃金が変わらないのであれば，技能を向上させようという従業員はいないであろう。企業の生産性を向上させるためには，従業員が技能を向上させ，努力することが不可欠である。従業員の技能向上や努力を妨げるような制度は，企業の生産性向上を阻害するであろう。すなわち，年齢や勤続年数にしたがって自動的に賃金が上昇するような年功賃金には，努力や技能向上を阻害する効果があるといえる。

　しかし，実際の賃金は，年齢や勤続年数で自動的に決まるものではない。現実に年齢が高い労働者ほど賃金も高いことが多いのは確かである。しかし，これは賃金が年齢によって決まるということを必ずしも意味しない。多くの企業では，賃金は能力などに応じて決定されるようになっている。すなわち，能力が高い従業員ほど高い賃金を受け取ることになる。年齢が高く勤続年数が長い従業員ほど高い能力を持っていることが多い。このため，結果的に年齢・勤続年数が伸びるほど賃金が高くなる。このように，年功賃金の背後にある考え方は賃金が能力に応じて決まるという考え方である。

　賃金が能力によって決まるという賃金体系にはどのようなメリットがあるのだろうか。賃金が能力で決まるのであれば，従業員は高い賃金を得るために，能力を身につけようというインセンティブをもつであろう。すなわち，従業員は教育訓練を積極的に受けたり，自分で業務の内容を学習したりして能力向上を図ると予想される。繰り返し述べているように，従業員の技能形成は企業の業績向上に欠かせない。従業員が，積極的に技能を形成することは企業にとって大きなメリットであるといえる。

　年功賃金のもう1つのメリットは，従業員が同じ会社で長期に働こうというインセンティブを高めることにある。勤続年数に伴って賃金が上昇するということは，言い換えると，転職すると賃金が下がるということである。このため，従業員は転職するよりも1つの企業で継続して働くことを希望するであろう。

このことは，長期雇用につながる。よって，企業は上に述べたような長期雇用のメリットを享受することができる。これらから，年功賃金は企業にとってもメリットがあることがわかる。

近年，日本企業の組織が大きく変わる中で，日本の雇用制度が大きく変化しているのではないかという指摘がなされるようになってきている。とくに，上で述べたような日本の雇用制度のメリットが小さくなってきているという指摘がなされている。実際に多くの企業では雇用慣行を変化させている。管理職層では，年齢と賃金の関係が弱くなっている。また，正社員ではなく非正規雇用として働く人が増えているのも事実である。一方で伝統的な従業員の技能開発の仕組みを大切にしている企業も多い。現在，日本的な雇用慣行がどのように変化しているのか，ということは大きく注目されている研究トピックである。

（3）金融面からみた日本企業

企業の主な生産要素は労働と資本である。労働に関する特徴をみたので，次は資金調達に関する日本企業の特徴をみよう。

株式会社が資金を調達する際には，大きく分けて2つの方法がある。1つは，株式を発行し，株式市場において投資家から直接資金を調達する方法であり，もう1つは銀行などから借り入れることである。伝統的な日本の大企業の特徴として，以下の2点が指摘されてきた。1）経営者は株主に対する配慮が少なかった。2）企業と銀行は強い関係をもっていた。

日本の経営者は株主の利益を重視しないとしばしば指摘される。このことが本当だとすると，経営者は，なぜ株主の利益を重視してこなかったのであろうか。本来，取締役は株主総会によって選任される。また，株主総会は取締役を解任する権限をもっていることからも，株主の利害を重視して経営することを期待されるはずである。しかし，実際は株主，とくに個人株主の経営者に対する発言権は小さかった。これは，経営者が株式持合を通じて，株主の多数を確保していたからである。

株主の力が弱かったということと，経営者が完全に企業を自由に経営できるということは同じではない。企業の業績が悪いときには，メインバンクとよばれる主要取引銀行が介入し，金融的な支援に加えて経営面でも企業の再建を行

うというメカニズムが働いてきた。すなわち，危機に陥った企業に対してさまざまな支援を行う一方，業績を回復させるための施策を講じる。具体的には，融資を行って当面の資金繰りを助ける一方で，他の銀行に対して働きかけて，金利の減免，返済の繰り延べ，債権放棄などを行う。その一方で，銀行から役員を派遣し，既存の経営者と交代させる。また，資産の売却や事業の縮小，人員の削減などを行うことで業績の改善を図る。このように，メインバンクが中心になって，危機にある企業を救済するようなメカニズムが働いていたと考えられる。メインバンクは，融資，役員派遣に加えて，企業の株式を保有していた。

　このようなメインバンクが企業を監視し，業績が悪化したときには介入するというメカニズムには，どのようなメリット・デメリットがあるのであろうか。メリットとしては，上に述べたように，企業の業績改善に貢献するということがあげられる。大企業の経営が効率的に行われるためには，経営者に対する監視機能が必要である。メインバンクは経営者に対する監視機能として働いていたと考えられる。

　しかしながら，1990年代以降，メインバンクは経営者に対する監視機構として機能してこなかった，という指摘もある。その背景としては，金融の自由化・国際化に伴って，企業の資金調達手段が多様化したことがある。企業は銀行に頼らなくても，資本市場や海外において資金を調達できるようになったため，銀行による企業の経営に対する介入が困難になったのである。

　メインバンクのように，経営者が効率的に企業を運営するようにさせるための仕組みをコーポレート・ガバナンスという。有能な経営者を選任し，業績を向上させるためのインセンティブを与えること，経営者を監視して，業績が悪化した場合には介入し，経営者を交代させることによって業績を改善させることなどが，コーポレート・ガバナンスの機能である。上にみたように，日本ではメインバンクがコーポレート・ガバナンスの機能をもっていたと考えられてきたが，近年ではその影響力に限界があるといわれている。

　一方，アメリカでは，株式市場がコーポレート・ガバナンスのメカニズムとして機能してきた。アメリカでは，企業の業績が悪化した場合には，株価が下落する。株価が下落し，株式市場における企業の価値が減少すると，その会社

が他の会社や投資家によって敵対的に買収される可能性が高まる。敵対的買収の標的になって買収された場合には、経営者は交代し、資産の売却、人員の削減などが行われることになる。このように、株価が下落すると、経営者は買収の危機にさらされる。経営者は、敵対的買収の標的にならないためには、株価を維持する必要がある。結果的に、株式市場における敵対的買収の存在によって、経営者は株価を上昇させるためのインセンティブをもっていることになる。

近年、日本企業のコーポレート・ガバナンスは大きく変化してきた。銀行が企業の株式を保有する割合は減少傾向にある。大企業では、外国人持株比率が50％を超える企業も多い。外国人が社長などの経営者になるのも珍しいことではなくなってきている。これらの変化の結果、日本の企業も従業員や銀行ではなく、株主の利害を重視するように変化してきたという指摘もある。これらの変化を受けて企業の行動や業績がどのように変化しているかということが現在、活発に研究されている。

Problems

1. ある企業の株価が2000円であったとする。このとき、以下の設問に答えなさい。
   (1) ある企業の1株あたり配当は50円である。この企業が無限に50円の配当を出し続けるとする。このとき、配当割引モデルによると株価はいくらになるか。なお、割引率は5％とする。現在の株価は、配当割引モデルによって予測された株価と比較して、割高か、割安か。
   (2) 割引率が2.5％であるとしたとき、配当割引モデルによると、株価はいくらになるか。
2. 下の表は、ある企業の生産量（Q）と限界費用（MC）、平均費用（AC）、平均可変費用（AVC）の関係を示している。この表について、下の設問に答えなさい。
   (1) 生産物の価格が$P=20$であるとする。生産量$Q=10, 12, 14$のときの利潤をそれぞれ求めなさい。
   (2) 価格が$P=20$のとき、利潤が最大となる生産量はいくらか。
   (3) 価格が$P=9$となったとき、利潤が最大となる生産量はいくらか。
   (4) この企業の供給曲線はどのような形をしているか。

Q	MC	AC	AVC
7	1	8.5	5.16
8	2	7.57	4.71
9	5	7.39	4.75
10	9	7.44	5.22
11	14	8.5	6.1
12	20	9.18	7.36
13	27	10.6	9
14	35	12.5	11
15	44	14.7	13.3
16	54	17.4	16

3．このChapterで述べたような日本企業の特徴は，近年，どのように変化しているのだろうか。

（1）男女別，年齢別に勤続年数と離職率に関して，最近の統計を調べ，どのように変化しているかをまとめなさい。

（2）最近の企業破綻において，銀行はどのような役割を果たしているか。1つ企業を取り上げてまとめなさい。

Chapter 6

マクロ統計からみる日本経済

　マクロ経済学は，経済全体を鳥瞰（ちょうかん）し，その状態を改善するための政策を検討する学問分野である。経済を構成する個々の主体や市場に視点を置くミクロ経済学と異なり，その分析の視点は経済全体にある。そのために経済の動きを巨視的にみて，経済成長や景気変動，物価変動などを主な分析対象としている。

　マクロ経済現象は，GDPや物価，雇用，利子率など，国や地域ごとに計測される経済全体の集計量であるマクロ経済指標（あるいはマクロ経済変数）から観察できる。さらに，GDP，物価水準，失業率，利子率などの集計量間の関係に注目することによって，経済全体の活動がどの水準に決まり，またいかにして変化するかが明らかになる。

　ここでは，マクロ経済学を理解するための予備知識として，一国の経済活動を数量的に表す代表的な指標であるGDPの概念について説明する。そして，日本経済の近年の歩みや現状を概観しながら，マクロ経済学が分析対象とする経済現象を主要なマクロ経済指標から説明する。

●Key Words●
GDP，付加価値，中間生産物，最終生産物，総供給，総需要，三面等価の原則，
GNP（GNI），名目と実質，GDPデフレーター，ストックとフロー，国富，
経済成長と景気循環，高度経済成長，物価指数，消費者物価指数，
企業物価指数，インフレーション，デフレーション，スタグフレーション，
自発的失業，非自発的失業，摩擦的失業，失業率，循環的失業，構造的失業，
非正規雇用，利子率（金利），マネーサプライ（マネーストック），
貸出金利と預金金利，コールレート，M2＋CD，閉鎖経済と開放経済，
為替レート，経常収支，経常海外余剰

1 GDPとは何か

一国の経済活動を数量的に表す最も代表的な指標である国内総生産はGDP（Gross Domestic Product）とよばれるが，それは国内で作られたすべての生産物の金額を単純に合計したものではなく，一国で一定期間に生み出された付加価値の合計をさしている。

（1）付加価値

付加価値の概念から説明しよう。簡単化のために，ある国の産業は農家と製粉業者とパン製造・販売業者の3者だけからなると仮定しよう。農家は小麦を収穫し，製粉業者はその小麦を原材料として小麦粉を生産し，パン製造・販売業者はその小麦粉を原材料としてパンを作り，消費者に販売する，と仮定する。ここでは，簡単化のため農家が小麦を生産するための原材料などはゼロとしている。

それぞれの生産過程での販売額が，農家は小麦で10，製粉業者は小麦粉で20，パン製造・販売業者はパンで40であるとしよう（図6-1）。

このとき，それぞれの生産者が生み出した付加価値額Vは，売上（すなわち生産額）から生産のために原材料などで使った中間生産物の費用である中間投入額Mを差し引いた金額に等しい。すなわち，GDPのもとになる付加価値とは生産活動で新たに生み出された価値のことをいう。

各段階での生産額の合計は，10＋20＋40＝70であるが，この中には各生

図6-1 付加価値と最終生産物

生産主体	生産額			
農家（小麦）	10	V (10)		
製粉業者（小麦粉）	20	M (10)	V (10)	
パン製造販売業者（パン）	40	M (20)		V (20)
消費者	40			

産段階での生産物を生産するために使われた前段階での生産物の価値の合計が含まれている。それゆえ，生産活動の成果を求めるには，この70から中間投入額 M の合計（10＋20＝30）を差し引く必要がある。中間投入額の合計を差し引いた残り40は，各生産段階で新たに作り出された付加価値 V の合計である。

　この金額は，この国の最終生産物であるパンの生産額40に等しい。最終生産物はパンのように，他の産業で中間生産物として利用されることなく，後で説明する消費や投資といった最終需要の対象となるものをいう。このように各生産段階で生み出された付加価値額の合計は最終生産物の生産額に反映される。そこで，GDPは一国で一定期間（通常，1年）に生み出された最終生産物の合計，と定義される。すなわち，

　　　GDP ＝ 付加価値額の合計 ＝ 最終生産物の生産額の合計

となり，これはマクロ経済の供給量の総額である，総供給を意味する。

（2）三面等価

　生産活動で新たに生み出された経済的な価値は，その生産活動に参加した各種の生産要素に，その貢献に応じて賃金，地代，利子，利潤という所得の形で分配される。したがって，国内で生み出された付加価値の合計であるGDPは，同時にその期間に国内で生産活動を行った各経済主体に支払われた所得の合計に等しくなるはずである。各産業において作り出された付加価値は，たとえば，先の例のパン製造・販売業者は付加価値20のうち10をその従業員らに賃金として支払い，残り10を自分や出資者に分配するかもしれない。このようにGDPを所得の分配面からみたとき，それをGDI（国内総所得：Gross Domestic Income）とよぶ。

　さらに，前例の付加価値の合計40は，生産過程の最終段階の生産物販売額，すなわち消費者の最終生産物への支出額と一致している。このような最終生産物への支出の合計は支出面からみたGDPで，GDE（国内総支出：Gross Domestic Expenditure）とよぶ。GDEは，マクロ経済の総需要を意味する。支出は生産されたものを購入することであるから，基本的にGDEはGDPに等

表6-1　わが国の名目GDPと三面等価　2012(平成24)年

生　産

生産面からみたGDP

	金額(兆円)	構成比(％)
1 産　業	416.7	88.0
農林水産業	5.7	1.2
鉱　業	0.3	0.1
製造業	85.6	18.1
建設業	26.7	5.6
電気・ガス・水道業	8.1	1.7
卸売・小売業	68.1	14.4
金融・保険業	21.6	4.6
不動産業	56.9	12.0
運輸業・情報通信業	50.0	10.5
サービス業	93.8	19.8
2 政府サービス生産者	43.5	9.2
3 その他	14.2	3.0
4 統計上の不突合	(0.6)	(0.1)
GDP（国内総生産）	473.8	100.0

支　出

支出面からみたGDP

	金額(兆円)	構成比(％)
1 民間最終消費支出	287.7	60.7
2 政府最終消費支出	96.9	20.5
3 国内総資本形成	98.5	20.8
1)総固定資本形成	100.1	21.1
2)在庫品増加	−1.5	−0.3
4 財貨・サービスの純輸出	−9.4	−2.0
1)輸出等	69.8	14.7
2)(控除)輸入等	79.2	16.7
GDE（国内総支出）	473.8	100.0

分　配

分配面からみたGDP

	金額(兆円)	構成比(％)
1 雇用者報酬	245.8	51.9
2 営業余剰・混合所得	90.7	19.1
3 固定資本減耗	100.6	21.2
4 間接税等（生産・輸入品に課される税)	37.4	7.9
5 統計上の不突合	−0.6	−0.1
GDI（国内総所得）	473.8	100.0
海外からの純所得	15.0	3.2
GNI（国民総所得）	488.8	103.2

出所：内閣府経済社会研究所ホームページ

Column

産業構造の転換・経済のソフト化

　高度成長は重化学工業を中心とする第2次産業の拡大をもたらした。しかし，1980年代以降，第2次産業の比重も省資源・省エネルギー型産業を除くと生産額，就業者数のいずれも横ばいもしくは低下し，代わって第3次産業の比重が高まった。一般に，経済発展と実質所得の上昇に伴って労働力の産業間構成が第1次産業から第2次産業へ，そして第2次産業から第3次産業へシフトしていく傾向がみられる。

　第3次産業から電力やガスなどのエネルギー供給産業を除いたものが広い意味でのサービス産業であり，サービス産業の比重の高まりは，経済のサービス化とよばれている。経済のサービス化と重なり合って経済のソフト化が進行している。ソフトという用語は知識，情報，ノウハウ，アイデアなどをさし，モノ（ハード）それ自体よりも，モノに付加されるソフトの価値の比重が高まっていくのが経済のソフト化である。ソフト化は第3次産業だけでなく，製造業，とくに加工組立型産業においても進行している。

　経済のサービス化・ソフト化を促している要因の1つがエレクトロニクスを中心とする現代の技術革新である。コンピュータの情報処理能力の飛躍的向上やファインセラミックスをはじめとする新素材の開発，医薬品や食品分野におけるバイオテクノロジーの進化などの先端技術は，農業などの伝統的な産業概念を変えつつある。また，エレクトロニクス技術は情報・通信の分野に活用され，インターネットによる通信網の発達や，情報通信のマルチメディア化は社会そのもののあり方を変えつつある。

しい。なお，GDP＝GDEが成り立つためには，生産されたものがすべて支出の対象となる必要がある。しかし，実際には売れ残りが生じる可能性があり，それを企業の意図しない在庫品増加（在庫投資）として，便宜的に支出の一部に含めることによって，事後的にGDPとGDEは等しくなる。

　そこで，生産，所得（あるいは分配），支出の3つの面において

　　GDP（国内総生産）＝ GDI（国内総所得）＝ GDE（国内総支出）

の関係が成り立つ。この関係を三面等価の原則という。

表6-1からわかるように,わが国の2012年のGDPは約474兆円である。まず支出面からのGDEをみると,民間消費,政府消費,投資(国内総資本形成),純輸出(輸出-輸入)の4項目に分けられている。構成比でみると民間消費(民間最終消費支出)が半分以上を占めて,最大の需要項目となっている。次いで国内投資(国内総資本形成)が約21%を占めている。国内投資を民間と政府に分ければ,支出を行う主体によって,民間部門,政府部門,海外部門に分けることもできよう。

また,GDPを分配面からみると,サラリーマンなどの雇用者に支払われた報酬の総額である雇用者報酬が全体の半分以上を占めていることがわかる。企業などがその経済活動によって獲得した利益(営業余剰)と自営業者の所得(混合所得)を合わせたものは20%弱である。

最後に,生産面からGDPをみると,産業別の付加価値発生の割合が明瞭となる。わが国ではサービス業や金融・保険業,不動産業,卸・小売業などの非製造業のGDPに占める比重が高く,2012年における製造業の比率はわずか18%にすぎないことがわかる。

(3) GDPとGNP

GDPは,国という地理的境界内に限定して,一国の生産活動の規模を測定する。生産活動の主体がその国の居住者であろうとなかろうと,「国内」において作り出された付加価値の合計を意味する。外国企業の日本国内における生産活動は日本のGDPに含まれるが,日本の居住者が海外から受け取る投資収益や利子,賃金などは含まれない。

これに対し,GNP(国民総生産:Gross National Product)は「国民」(国籍上の国民ではなく,当該国に通常1年以上住む居住者)の生産活動に着目する。生産の行われる場所が国内であれ,国外であれ,日本の居住者の生産活動はすべて日本のGNPに含まれ,日本人の対外投資収益も含まれる。逆に,外国人が日本企業の株を取得し,配当の支払を受けても,その分は日本のGNPに含まれない。GNPを分配面からみたものはGNI(国民総所得:Gross National Income)とよばれる。

日本経済の国際化に伴い海外との利子，配当の取引が急拡大して，GNPを大きく動かすようになり，国内の景気実勢と乖離を示すようになる。そのため，国際取引を除いたGDPを活動規模の指標とするほうが適切とみなされるようになった。ヒト，モノ，カネが国際的に移動する中で，経済活動主体の「国籍」を問う意味が薄れてきたため，1993年に政府は主要指標の扱いをGNPからGDPに変更した。

　なお，GNP（GNI）とGDPとの関係は　GNP（GNI）＝GDP＋（海外からの所得－海外に対する所得）となる。ここで，海外からの所得とは，海外に提供した生産要素に対して支払われる所得をさし，賃金などの「労働報酬」と利子・配当などの「資本報酬」から構成される。最近では，GNP（GNI）はGDPを上回り，その差は2012年で3％以上になっている。海外からの所得が膨らむのはグローバル化に加え，過去の対外投資が収穫期に入り，日本経済が成熟化しつつあることを示している。

（4）名目（nominal）と実質（real）

　計測時点における市場価格を用いて財・サービスの生産額を評価する場合のGDPを，名目GDPとよぶ。しかし，GDPや付加価値の大きさを異なる時点で比較するときには，市場価格の影響を受けない値のほうが望ましい。名目値の変化は価格の変化と数量の変化とからなっているため，時系列的に経済活動水準の実質的な動きをみるためには，物価の変化分を取り除いた実質GDPで考察する必要がある。

　実質GDPは名目GDPと同様に金額単位で示されるが，その時々の市場価格ではなく，基準時点の価格に固定して計算されてきた。しかし，この固定基準方式は価格下落を過大評価するという問題点をかかえているため，2004年から基準年を毎年更新する連鎖方式に変更された。

　なお，名目GDPを実質GDPで割ることによって結果的に算出されるものをGDPデフレーターという。これはGDPの計算で対象となったすべての財・サービスの価格の動向，すなわち物価の動きを示す重要な指標となる。

(5) ストックとフロー

国民経済の規模をはかるには、ストックとフローの2つの見方がある。フローによる見方では、一定期間（たとえば1年間）内にどれだけの経済活動が行われたかがわかる。国民経済全体の活動水準を数字で表したフロー変数が、GDPやGNIなどの指標である。

もう1つのストックによる見方によれば、これまでの経済活動によって、ある時点においてどれだけの富が蓄えられているかがわかる。一国のストックは国富とよばれ、個人、企業、国、地方自治体が保有する住宅、建物、機械設備、社会資本（道路・下水道・公共施設）などの有形資産および対外純資産からなる。

2 経済成長と景気変動

経済成長は比較的長い時間の経過による経済全体の、とくに量的規模の拡大を示す現象である。所得水準の継続的な上昇や、実質GDPの年間増加率（いわゆる経済成長率（％）＝〔今年のGDP－昨年のGDP〕／昨年のGDP×100）のトレンド（中長期的な動き）でとらえられることが多い。

これに対し、景気変動は数ヶ月から数年の比較的短い期間を対象に観察され

図6－2　**実質GDPの成長率**

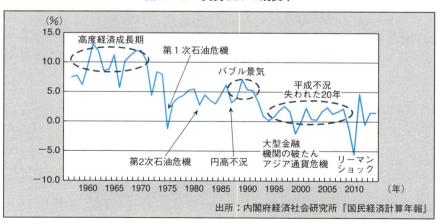

出所：内閣府経済社会研究所『国民経済計算年報』

る現象で，経済活動が活発になったり不活発になったりすることをいう。この上下の変動がかなり規則的・周期的な動きのため，近似的に循環としてとらえられる場合，景気循環とよばれる。1つの景気循環は拡張期と収縮期（後退期ともいう）に分けることができる。拡張期から収縮期への転換点を景気の山，収縮期から拡張期への転換点を景気の谷という。1つの谷から次の谷までが1つの循環である。内閣府の公表する景気基準日付によれば2012年末（暫定）に戦後15回目の循環が終了したとされている。

経済活動が活発であれば生産が増えるので，景気変動は実質GDPの動きにも表れるし，景気の変化の方向や転換点を示す景気動向指数のような景気指標（景気指数）によってもとらえられる。

図6-2は戦後日本の経済成長率の推移を示しているが，その値は短い期間で大きく変動しており，経済活動水準の周期的な波状運動である景気循環が現れている。日本経済は戦後復興期を経て，1950年代後半から1973年の「第1次石油危機」にいたるまでの高度経済成長において，好況と不況を繰り返しながらも平均10％程度の成長率を示していた。高度経済成長期の前半は企業の旺盛な設備投資に，また後半は輸出伸長に支えられたものであった。この時期に日本の経済は急速に拡大して先進工業国の仲間入りをし，1968年にはGNPが資本主義世界第2位となった。1973年に始まる第1次石油危機には一時的にマイナスの成長率を記録した。その後も成長率はもとの高水準に戻ることなく，4％前後の安定的水準にとどまっていたが，80年代後半のバブル景気により6％を超える水準に達した。しかし，90年代初頭のバブル崩壊後はゼロ，ないしはマイナス成長を何度か経験するなど景気の低迷が続き「失われた20年」などとよばれる。

3 物価変動

物価とはある特定の物の値段を表すためでなく，財・サービスの価格を総合的にみたものをさし，社会全体での価格の全般的・平均的な傾向を把握するために用いられる。その変動は人びとの生活に大きな影響を与え，また物価変動を通じて所得も大きな影響を受けるので重要なマクロ経済指標となっている。

図6-3 GDPデフレーター上昇率

出所：内閣府経済社会研究所『国民経済計算年報』

　実際は，物価は水準そのものではなく，物価指数によりその動きをとらえる。物価指数は，ある時点を基準（＝100）とし，その前後における個々の財・サービスの価格変動を平均し，基準時と比べてどの程度変動したかを上昇率の形で示すものである。物価指数には，平均的な消費者が購入する標準的な財を中心とした消費者物価指数（CPI：Consumer Price Index），企業間で取り引きされる財を中心とした企業物価指数や前述のGDPデフレーターなどがある。

　物価変動の推移を，GDPを形成する財・サービスに関する一種の総合物価指数であるGDPデフレーターの上昇率でみてみよう（図6-3）。

　1960年頃から1980年代までは，一般に総需要が総供給を上回るのが普通であったために，物価の持続的な上昇であるインフレーション（インフレ：inflation）がみられ，なかでも1974年には第1次石油危機による20％を上回る高い物価上昇率を記録している。これは「狂乱物価」とよばれた。その後，OPEC加盟国が相次いで原油価格を引き上げ，また1979年初めのイラン革命による原油輸出の中断が第2次石油危機を引き起こしたが，物価への影響は第1次石油危機に比べると小さかった。

　1986年頃から始まったバブル経済は株価や地価の急上昇という事態を引き起こしたが，政府が物価安定を最優先とした政策をとったため，1980年代半

Column

石油危機

　高度成長を通じて安価な輸入原油に依存する経済体質になっていた日本経済は，1973年には第4次中東戦争を契機とするアラブ産油国による原油価格の大幅な引き上げと供給制限とによって，第1次石油危機とよばれる大きな影響を受けた。世界は不況とインフレが同時に進行するスタグフレーション（stagflation）に突入した。それは原材料の値上げと消費者物価の上昇を招いた。インフレを抑えるために政府は総需要を抑制する策をとったが，金融引き締めによって企業の設備投資が落ち込み，1974年には戦後初めてマイナス成長を記録し，これまでのような高い成長を続けることが困難になった。

　企業は，倒産が増える中で，人員整理や賃金抑制，FA化・OA化などによりコストの削減をめざした減量経営を行うとともに，省資源・省エネルギー化に努めた。その結果，1979年のイラン革命による第2次石油危機の影響を和らげることができた。また，この過程で進行した技術革新により，1980年代に入るとエレクトロニクス・新素材・バイオテクノロジーなどの先端技術産業が発達し，輸出が急増したため，日本は速く不況から脱出することができた。

ば以降，物価は比較的安定していた。しかし，バブル崩壊後の不況の影響により1990年代中頃から物価上昇率はマイナスを記録し，物価の持続的な下落を意味するデフレーション（デフレ：deflation）を経験した。1997年には消費税率の引き上げにより一時的に2％ほど上昇したが，その後も物価上昇率が低い状態が続いている。日本銀行は2013年より緩やかなインフレーションが実現するよう金融政策を運営している。

　物価の変動は財・サービス価格の変動であり，それはその購入のために使われる貨幣の価値が変動することを意味する。インフレーションは通貨価値の下落を意味し，預貯金の実質的な価値の減少（目減り）をもたらすために，高齢者など預貯金・年金を頼りに生活する人びとの生活を圧迫することにもなる。また，過度のインフレーションは，将来の経済環境への予測を困難にし，企業経営に不安定性をもたらす。

一方,デフレーションは,「物価が下がるほどモノを安く買えるからよい」という単純なものではない。物価が下がると企業の売上が減るが,給料は容易には下がりにくく,企業の業績が悪化して,リストラや雇用削減を招く。また,デフレによる実質的債務の増加は,債務不履行や不良債権を増加させるおそれがある。とくに不況期に物価が下がると,それが一層の物価の下落予想を生み,そのため支出を差し控えて先送りし,不況をさらに悪化させる場合がある。

4 失業

失業には自発的失業と非自発的失業とがある。企業の需要する労働量が,労働者の提供する労働量よりも少ない場合,非自発的な失業が存在する。また,一部の求職者は,より高い賃金を求めて現行の市場で与えられる賃金率ではむしろ働かないことを選択しているかもしれない。このような失業は自発的失業とよばれる。また,労働の需要と供給とが一国全体としては均衡していても,個々の企業や産業をみれば,拡大しているものもあれば縮小しているものもあるから,企業間・産業間での労働の移動が起こっているかもしれない。この移動が不完全にしか行われないために,一時的に発生する失業を摩擦的失業とよぶ。

図6-4 失業率

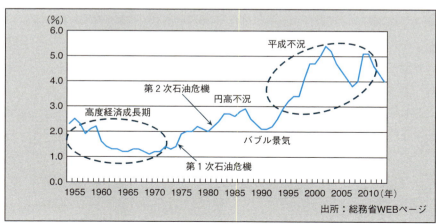

出所:総務省WEBページ

Column

非正規雇用

　非正規雇用の増加が社会問題化している。厚生労働省によればパート，アルバイト，派遣社員，嘱託などの非正規雇用者が全雇用者に占める比率は1985年の16.4％から，2013年には36.7％まで上昇しており，とくに若年労働者においてその傾向が顕著である。非正規雇用者は正規の社員・職員に比べて勤務時間が自由である一方，雇用が不安定であり，賃金が低いため経済的自立が困難，能力開発機会が乏しい，セーフティネットが不十分である，などの特徴がある。非正規雇用の増加が生活形態の多様化によるものであり，彼らが自分の判断で自由気ままな人生を送っているだけであるならば，このことは社会問題とはいえないかもしれない。しかし総務省の「労働力調査」によれば，非正規雇用者の2割程度は正規の職がないために不本意に非正規雇用者として働いており，若年層の雇用の場の確保，非正規雇用から正規雇用への転換の促進，不合理な格差の解消など，政府の対応が求められている。

　また非正規雇用よりさらに深刻な存在としてニートが注目されている。ニートとはNot in Education, Employment or Training（NEET）の略語であり，就職する意思がなく，教育も職業訓練も受けていない若者をさし，非正規雇用者とは別の支援策が必要とされる。総務省の調査によると，15歳から34歳までの人口のうち仕事や家事をせず，通学もしていない「無業者」の比率は，2002年に大きく上昇したのちにも微増を続け，2012年には2.3％となっている。非正規雇用者ニートの存在は，若年の職業能力が高まらないため，日本産業の競争力や経済全体の成長の制約となるおそれや未婚化，晩婚化，少子化などを一層促進し，年金など社会保障制度にも影響を与えるという問題をもつ。

　わが国における失業率は，完全失業者が労働力人口に占める比率であると定義されている。労働力とは15歳以上で就労可能な者のうち，実際に就労するか，あるいは求職活動した者をさし，完全失業者とは労働力人口のうちで収入となる仕事をまったくしなかった者をさす。

　図6－4をみると，高度成長期にはわが国の失業率は2％を下回る水準であった。これは欧米諸国と比較すれば低い水準にあった。それは，①高い経済成

長率,②終身雇用制のような日本的雇用慣行,③一般に良好な労使関係などが原因と考えられていた。景気変動は失業率の動きにも表れる。一般に,景気が後退し,経済活動が不活発になると,失業率が上昇する。

しかし,この低い失業率もその後は上昇傾向に転じ,80年代は2％台を下回ることはなくなった。1995年に戦後はじめて3％を超えて,1998年には4％台に達し,さらに2000年代には5％を超えた年もあった。なかでも25歳未満の若年労働者の失業率が高く,次いで25〜34歳,55〜64歳の層で失業率が高くなっている。

1990年代以降の失業率の上昇は,景気変動以外の要因による影響も大きいと考えられている。景気循環の過程で生じる失業は,総需要の不足による循環的失業であり,この失業は近年では2％程度であると考えられている。残りの2％から3％程度が構造的失業とみなされている。これを解消するには失業者の訓練や再教育などの人的資本の拡充が必要である。経済環境や産業構造の変化に日本的経営・労働慣行が対応できず,労働市場での職業能力や年齢に関するミスマッチがなかなか解消されないのである。

5 貨幣供給量と利子率

マクロ経済の貨幣的・金融的要因は,所得や物価に大きな影響を与える。貨幣・金融に関する変数は,代表的なものとして利子率(金利)と,貨幣(カネ)の量を示すマネーサプライがあげられる。

金利は,金銭を貸し借りする際の対価や使用料であって,通常は日歩,月利,年利などの,ある一定の期間に対する比率で表示される。金利にもさまざまな種類があるが,代表的金利には貸出金利,預金金利,コールレートなどがある。貸出金利は銀行などがカネを貸すときの利子率であり,預金金利はカネを銀行に預けるときの利子率である。

コールレートは銀行間でごく短期の資金融通を行うコール市場における金利である。中央銀行である日本銀行は,資金需要を喚起する目的で景気を刺激するためにはコールレートを低く誘導し,インフレや過熱気味の資金需要を抑えるためには高くするなど,コールレートは金融政策の目標として重視されてい

図6−5 マネーサプライ(マネーストック)とコールレート

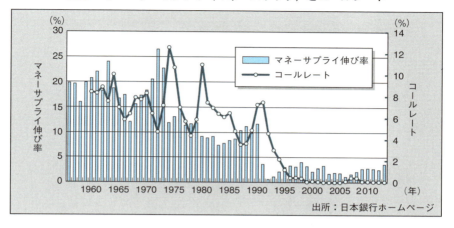

出所:日本銀行ホームページ

る。

図6−5には,マネーサプライ(近年,日本銀行はマネーストックとよんでいる)の伸び率とコールレートが描かれている。マネーサプライの指標としては,いくつかあるが,ここでは日本銀行がマクロ経済の指標として重視してきたM2＋CD(2008年の指標の改訂後はM2)などをとっている(詳細はChapter 8を参照)。

コールレートの動きをみると,第1次,第2次石油危機とバブル経済の絶頂期には物価の上昇を抑えるためにコールレートが引き上げられているが,バブル崩壊後の長引く平成不況のためコールレートは大幅に低下し,とくに2000年頃からコールレートがほぼゼロになる異常な状況にある。これはゼロ金利とよばれる特異な現象である。

マネーサプライの伸び率も大きく変化している。高度成長期には15％前後の高い伸び率を示したが,その後は低下傾向にある。とくに90年代はじめにはマネーサプライの伸び率が急低下し,近年においてもその伸び率は5％以下で低い。

このように,90年代以降のマネーサプライの伸び率の低下や2000年頃からのゼロ金利など,近年の日本経済では金融面で大きな変化が起きていることがうかがえる。

Column

バブルの崩壊と平成不況・金融危機

　1985年からの円高不況のもとで，政府は低金利政策を採用した。低金利のもとで，企業は巨額の資金を調達し，新製品開発のための投資やFA化，OA化を進める設備投資を行う一方で，株式や土地の値上がり益を狙った投機にも向けた。1980年代後半は，土地や株式が本来の価値とはかけはなれた価格まで高騰するような，異常な投資が起こしたバブル経済であった。

　しかし，1990年に株価が暴落し，1991年から地価が急落しはじめ，ついにバブル経済は崩壊して，今度は一転して長期にわたる深刻な平成不況に見舞われた。その結果，金融機関から融資を受けて株式や土地に投資を行っていた企業や個人に，多額の損失が生じた。積極的に融資を行っていた金融機関には，資金が返済されず，巨額の不良債権が発生し，経営が破綻する金融機関も相次いだ。破綻を免れた他の大手銀行も，国から大規模な公的資金注入を受けてその場をしのぐ有様となった。

　不良債権の回収が進まないため，銀行は中小企業に対して貸し渋りや貸し剥がしを行い，また融資に対して過度に慎重になり，企業の設備投資が減少して不況を長期化させる要因となった。

6　為替レートと経常収支

　今日，国際的な貿易取引の拡大や資本移動の活発化をみれば，マクロ経済学において，外国との経済取引を考慮しない，自給自足的な閉鎖経済（closed economy）という枠組みの中で，一国の経済全体を考察することは明らかに不十分であろう。とりわけ，日本のように貿易が盛んで金融・資本の自由化が進んだ国では，マクロ経済を分析するときに，対外的な要因を考慮に入れた開放経済（open economy）という視点が重要となる。

　対外的な経済取引を分析する場合，国際間の通貨交換比率である為替レート（exchange rate）と経常収支の動きが重要である。経常収支には，モノの国際的な取引結果を示す貿易収支，サービスの取引を計上するサービス収支，投

図6−6 為替レートと経常海外余剰比率

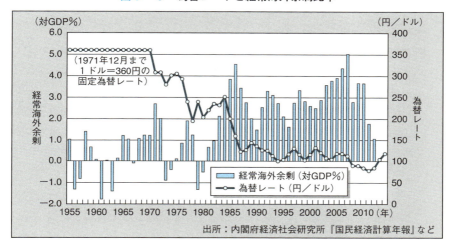

出所：内閣府経済社会研究所『国民経済計算年報』など

資収益や雇用者報酬の受払を記録する所得収支が含まれる（詳細はChapter 9を参照）。一国のモノとサービスの貿易構造をみるためには，モノの輸出入取引を扱う貿易収支よりも広い概念である経常収支がよく使われる。

図6−6には円と米ドルの為替レートと，経常収支とよく似た概念である経常海外余剰が示されている（経常海外余剰は「財・サービスの輸出と海外からの要素所得」から「財・サービスの輸入と海外への要素所得」を差し引いたものであり，経常収支より長期データの収集が容易である）。

為替レートは1971年末まで1ドル＝360円と定められた固定相場制が採用されていた。しかしその後，変動相場制に移行し，円高傾向を示していたが，1985年のプラザ合意以降，急速に円高が進行し，1994年から95年にかけては1ドル＝100円を切るような円高が観察された。この時期の円高による海外投資コストの減少という環境のもとで，企業は貿易摩擦の回避や市場の拡大を狙って，海外支店の設置・拡張や直接的経営支配を目的とする資本・技術の輸出を急増させた。この過程で，日本の大企業の中には多国籍企業へと成長するものもあった。

一方，経常海外余剰の動きをみると，1980年頃までは周期的にプラスとマイナスとを生じたが，80年代以降は大幅なプラス傾向が定着した。しかし，

Column

ブレトン・ウッズ体制崩壊と
日本経済の国際化

　戦後の国際通貨体制は，1944年に連合国通貨会議で採択されたIMF（国際通貨基金）協定とIBRD（国際復興開発銀行，世界銀行ともよばれる）協定の通称であるブレトン・ウッズ協定にもとづいていた。IMF協定では，加盟国が自国通貨の為替平価を金または1944年7月1日現在の米ドルで交換することを義務づけていた。わが国の加盟は1952年8月で，1ドル＝360円であった。

　1971年8月にアメリカ政府は金とドルの交換停止を含む新経済政策を発表し，金・ドルを軸としてきたブレトン・ウッズ体制に壊滅的な打撃を与え，円も切り上げられた。その後，各国は固定相場制から変動相場制へと移行し，為替レートが市場によって決まるようになった。

　1980年代初め，不況の中で世界貿易は縮小したが，日本は対米輸出を中心に輸出が急増したため，世界最大の貿易黒字国になった。アメリカは輸入超過による貿易赤字と巨額の軍事費による財政赤字という「双子の赤字」が深刻化し，1985年に開かれたG5（先進5か国蔵相・中央銀行総裁会議）は，プラザ合意によりアメリカの貿易収支改善のためドル高是正を行うことを決めた。このため円は3年間で1ドル＝250円から120円へと急騰した。円高により鉄鋼，造船などは輸出が減少したが，合理化を進めた自動車やハイテク産業の輸出は増加し続けた。これに対し，日本は貿易摩擦を緩和するため，公共投資を中心に国内需要の拡大を行い，産業構造の転換を進めるようになった。

　1989年に開始された日米構造協議は日米間の経済摩擦が新たな段階に入ったことを示した。単なる貿易摩擦の解消を求めるものから相手国内の制度，政策，慣行，法律などの是正を求めるものに変わった。日米構造協議は日米包括経済協議に引き継がれ，日本に対する市場開放，規制緩和の要求がなされた。

　その中でも，1986年，92年，98年，2007年をピークとする4つの大きな山がみられる。このような循環的な動きは日本の国内景気と関係している。好況期には輸入などが増え，不況になるとそれが減る。わが国は原材料を海外に依存しているので不況期に生産水準が落ちると原材料の輸入が減る。また国内で

は企業の販売が低下するので、それだけ海外でモノを販売しようとする。

このように不況期には経常海外余剰や経常収支黒字が増加する傾向がある。1986年、87年は円高不況、92年や98年はバブル崩壊後の平成不況、2007年は世界金融危機の影響を受けて経常海外余剰が増加している。日本の経常収支の黒字は外国にとっては、とくに最大の貿易相手国であるアメリカにとって赤字となり、そのため日本に対して内需拡大を求めて、日米構造協議などが行われた。

また、近年では過去の海外投資からの収益（海外子会社が稼ぐ収益や海外金融資産の保有による収益）が大きくなる一方で、2011年からは貿易収支赤字を記録し、2013年の経常収支はゼロに近い水準になっている。

Problems

1. 次のGDPを計算しなさい。
   (1) 農家が小麦20を生産し、製粉業者がそのすべてを原材料として使って小麦粉40を生産した。
   (2) (1)に加えて、パン屋が小麦粉40すべてを使ってパン80を生産した。
   (3) (2)のケースで、小麦粉10は消費者に購入される（パン屋は小麦粉30を使ってパン80を生産）。
2. 日本の場合、GNPはGDPよりも多いのはなぜか。たとえば、中南米諸国ではどちらが多いだろうか。
3. インフレーションが人びとの生活に与える影響を考察しなさい。
4. 不況のとき物価が下がれば、人びとは消費を増やすだろうか、あるいは減らすであろうか。それはマクロ経済にどのような影響を及ぼすのか説明しなさい。
5. 戦後の景気循環の日付と各循環の長さを、内閣府経済社会総合研究所のホームページ（http://www.esri.go.jp/）などから調べなさい。
6. 第1次石油危機後、企業はどのように対処し、それはいかなる効果をもたらしたかを説明しなさい。
7. 円高のメリットとデメリットを述べなさい。

MEMO

Chapter 7

マクロ経済の仕組み

　前のChapterでみたように，マクロ経済は変動を繰り返しており，実質GDPが低迷する不況期には失業などの社会問題が発生する。ここでは，企業が家計，政府，外国などの他の経済主体とどのように結びついているかを概観した後に，マクロ経済全体としての生産物の需要と供給がどのように決定されるのかを明らかにし，それらを踏まえて，マクロ経済がどのような仕組みで変動するのか，また政府は景気変動に対してどのような対策を講じることができるのか，という問題について考える。

●Key Words●

経済循環，可処分所得，マクロ・バランスの式，限界消費性向，基礎消費，消費関数，均衡GDP，有効需要の原理，乗数効果，ケインズ，名目貨幣供給量と実質貨幣供給量，総需要曲線，需要ショック，労働の限界生産物，名目賃金率と実質賃金率，短期総供給曲線，完全雇用，長期総供給曲線，供給ショック，インフレーション，財政政策，金融政策，総需要管理政策，スタグフレーション

1 経済循環

(1) 支出面と分配面

　私たちの暮らす経済では，さまざまな財が取り引きされているが，ある財を供給し，対価として貨幣を受け取った売り手は，次には別の財の買い手となって，その貨幣を次の売り手に支払う。このような交換の連鎖の中で，貨幣はとどまることなく循環し続ける。この経済循環を理解するためには，経済の中で意思を決定し取り引きを行うさまざまな個人・組織を，家計，企業，政府（国の機関である中央政府と県庁や市役所などの地方政府，さらにそれらの関連機関が含まれる），外国の4つにまとめて考えるのが便利である。図7－1はこれらの間で循環する貨幣の流れを図示したものである。

　企業が生産した最終生産物に対する需要の中で最大のものは，家計の消費（民間最終消費）である。また企業も生産設備拡充などのため最終生産物を購

図7－1　部門間の経済循環

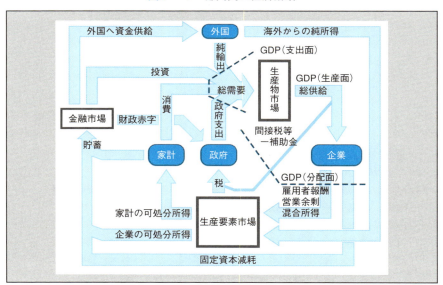

入するが，これを民間の実物投資，あるいは単に投資とよぶことにしよう。政府も公共事業などをとおして道路などの生産物を購入している。また公務員が提供する行政サービスを最終生産物の供給に含めるならば，政府支出の大きな部分を占める人件費も，行政サービスの購入費用，すなわち総需要の一部と解釈できる。これらをまとめて政府支出とよぶことにする。財・サービスの輸出は自国生産物に対する外国部門の需要であり，輸入は自国における需要のうち外国の生産物に向かう部分を表しているから，その差額である純輸出は外国部門による国内生産物への正味の需要を意味する。以上をまとめれば自国の生産物に対する総需要は，家計部門の支出である消費，企業部門の支出である投資，政府支出，および外国部門の純輸出，の4つによって構成されることがわかる。

総需要 ＝ 消費 ＋ 投資 ＋ 政府支出 ＋ 純輸出　　（1）

これは表6－1の支出面からみたGDPに対応しているが，表中の「国内総資本形成」には民間の投資と政府の投資の両方が含まれている。2012年における民間部門の投資はGDPの16％程度である。

次に分配面をみよう。企業には供給した生産物の見返りとしてGDPに対応する額が支払われるが，政府が消費税のような間接税を課す場合，その部分は企業の収入となる以前に政府に徴収されてしまう。また太陽光発電設備を購入する場合などに政府から補助金が交付されることがあるが，これは負の税率をもった間接税とみなすことができる。したがって企業が生産物市場から受け取る正味の収入はGDPから間接税を引き補助金を加えた額になる。企業はここから賃金など雇用者に対する報酬を支払い，生産の過程で摩耗した資本設備を更新するための費用（固定資本減耗とよばれる）を積み立て，その残りである利益を株主などに分配する。この残りは営業余剰とよばれ企業の利益に相当する。なお自営業者の収入は労働に対する報酬と利益の混合したものと考えられるため，混合所得とよばれ区別されている。以上を整理すれば，

GDP＝（間接税－補助金）＋雇用者報酬＋営業余剰・混合所得＋固定資本減耗

が成立する。これは表6－1における分配面からみたGDPに対応している。

(2) マクロ・バランス

　国内で生み出された付加価値であるGDPは家計，企業，政府に分配され所得となるが，これに海外から得られる純所得（海外から得られる所得から海外に支払う所得を引いたもの）を加えたものが国民総所得（GNI）であった。GNIのうち，間接税－補助金，とその他の税を合わせたものが政府の所得となるが，これらをまとめて税とよぶことにしよう。GNIから税を引いたものが家計と企業が自由に処分できる可処分所得（disposable income）であり，その過半は家計部門に分配される。家計はここからさまざまな消費財への支出（消費）を行い，残りがあればそれを貯蓄する。家計の中には，所得の一部だけを支出し残りを貯蓄する者もいるし，高齢者に典型的にみられるように，過去に蓄積した資産を取り崩しながら，所得以上の消費を行う者もいる。しかし全体としてみれば，我が国の家計部門は正の貯蓄を行ってきた。企業は消費を行わないから，企業の可処分所得はすべて貯蓄される。したがって家計の貯蓄と企業の貯蓄の合計を単に貯蓄とよぶならば

　　GNI ＝ GDP ＋ 海外からの純所得 ＝ 税 ＋ 消費 ＋ 貯蓄　　（2）

と表すことができる。

　三面等価の原則より総需要（支出面からみたGDP）と総供給であるGDPは一致するから，（1）式と（2）式を組み合わせれば次のマクロ・バランスの式（あるいは貯蓄・投資バランスの式）とよばれる関係が導出できる。

　　貯蓄 ＝（GDP ＋ 海外からの純所得 － 税 － 消費）
　　　　＝ 投資 ＋（政府支出 － 税）＋（純輸出 ＋ 海外からの純所得）

ここで（政府支出－税）は財政赤字，（純輸出＋海外からの純所得）は経常収支，あるいは経常海外余剰に対応する。この式は，たとえば投資が一定であるときに貯蓄が減少したり政府の財政赤字が拡大するならば経常収支は負の方向に変化しなければならないことを意味するものである。

少子高齢化と日本経済

　下表は，家計部門の貯蓄率を国際比較したものであるが，これによれば，日本の家計の貯蓄率は先進諸国の中でも高い水準にあったことがわかる。マクロ・バランスの式でみたように，家計の貯蓄が大きいことは，投資，財政赤字，純輸出のいずれかが大きくなることを意味する。

　たとえば60年代から70年代にかけて，日本経済は「高度経済成長」を経験したが，このことは家計の豊富な貯蓄が企業の設備投資の資金となり，日本の生産能力を急増させたことに一因があると考えられる。また石油危機を契機として企業の投資意欲が減退し総需要が萎縮すると，政府は公共事業を拡大することで不況からの脱出を図ったが，この時期の家計の貯蓄は国債の購入に向かい，政府支出の増大によって生まれた財政赤字を支えたのである。また80年代に入って，政府が「行政改革」を進め財政赤字を縮小させると，純輸出が拡大し，日米間で貿易摩擦が発生したことも，この関係から理解できる。

　このように家計部門の高い貯蓄率は，近年の日本のマクロ経済を特徴づけるものであった。しかし下表からもわかるように，日本の貯蓄率は急速に低下している。これまで日本の貯蓄率が高かったことは，日本の人口構成が，戦後のベビーブームに生まれた「団塊の世代」とよばれる年齢層に集中していることと無関係ではない。人は現役中には老後に備えて貯蓄を行うが，引退後は，それまでに蓄積した資産を取り崩して消費にあてる。これまでは生産年齢にあり，正の貯蓄をすることで日本の貯蓄率を高めることに貢献してきた団塊の世代が高齢化し，その貯蓄がマイナスに転じれば，日本の貯蓄率は下がることになる。この傾向は今後も続くと考えられるが，このことは，日本のマクロ経済環境を大きく変化させるかもしれない。

表　家計貯蓄率（％）の推移

年	1970	1980	1990	2000	2010
日本	14.27	14.50	12.06	6.82	1.99
米国	12.60	10.57	7.78	4.03	5.64
OECDユーロ圏平均				8.68	8.46

出所：OECD, *Economic Outlook*

2 総需要

(1) 消費関数と均衡GDP

　企業が生産した最終生産物は家計，企業，政府，外国のいずれかによって需要されるから，GDPは消費，投資，政府支出，純輸出の合計である総需要と一致しなければならなかった。単純化のため外国との貿易を無視し（貿易と景気の関係についてはChapter 9 を参照せよ），GDPをY，消費，投資，政府支出をそれぞれC，I，Gという記号で表すならば，この関係は

$$Y = C + I + G$$

と表現できる。ところで，この式の右辺に相当する総需要は，さまざまな要因によって変動し，そのことがGDPの変動，すなわち景気変動を引き起こすことがある。ここでは総需要がGDPを決定する仕組みを理解したうえで，総需要を変化させる要因について考えてみよう。

　総需要の中で最大のものは家計による消費である。単純化のため海外からの所得，税，企業の所得を無視し，GDPはすべて家計の可処分所得となると仮定して話を進めよう。家計は所得Yの一部を消費し，残りを貯蓄するが，所得が増加すれば消費Cが増加すると考えるのは自然であろう。このYとCの関係が次のような1次式で表されるものと仮定しよう。

$$C = cY + C_0$$

この式におけるcとC_0は正の値をとる係数であり，それぞれ限界消費性向，基礎消費または独立消費とよばれる。また，この式をケインズ型の消費関数という。図7－2の消費関数というラベルの付いた右上がりの直線は，横軸にY，縦軸にCをとって上式を描いたものである。上式によれば，Yが1単位増加すれば消費は限界消費性向だけ増加するので，cはこの直線の傾きに相当する。所得が1単位増えるとき，消費が1単位以上増えると考えるのは不自然であるから，限界消費性向は1よりも小さく，消費関数の傾きは45度線よりも緩や

図7-2　均衡GDP

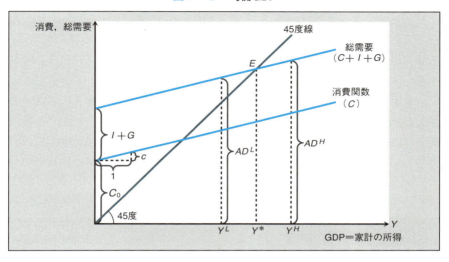

かであると仮定する。所得がゼロであるときの消費水準が基礎消費C_0であり，消費関数の縦軸切片に対応する。人は所得がない場合でも，過去に蓄積した資産を取り崩すなどして最低限の消費を維持しなければならないが，この部分が基礎消費であり，C_0は正の値をとると仮定してよいだろう。

総需要とは，上式で定まる消費に企業と政府の需要である$I+G$を加えたものであるから，

　　総需要＝$cY+C_0+I+G$

であり，図においては消費関数を上方に$I+G$だけ平行移動した直線として表現されている。総需要の直線は右上がりであるから，Yが上昇すれば総需要は拡大することになる。これは景気拡大が人びとの所得を引き上げ，消費を拡大させることによるものである。

図には原点を通る傾き1の直線（45度線）も描かれているが，これは総需要とGDPが一致しなければならない，という条件を示すためのものである。たとえばGDPが総需要と45度線の交点Eよりも左側のY^Lの水準にある場合，その所得に対応する総需要AD^LはY^Lよりも大きくなるが，これは総生産額以

上の需要があるため生産物市場が超過需要となっていることを意味する。逆にGDPの水準がE点の右側のY^Hにあるとすれば、その所得に対応する総需要AD^Hは総生産額Y^H以下になり、生産物市場は超過供給になる。したがって、生産物市場の需給が均衡するとき、GDPは総需要と45度線が交差するE点の水準、すなわち図のY^*になければならない。このようなGDPを均衡GDPとよび、現実のGDPはこの水準に近づいていくと考えられる。均衡GDPとは総生産額と総需要が一致するようなGDPであるから、上式においてYをY^*と置いたときの総需要はY^*と一致しなければならない。この関係を整理すれば

$$Y^* = \frac{1}{1-c}(C_0 + I + G) \quad (3)$$

となり、消費関数の係数とI、Gの値が与えられるならば、均衡GDPの値は計算できる。このように総需要がGDPを決定するという考え方は、有効需要の原理とよばれる。

(2) 乗数効果

限界消費性向の値は安定していると考えられているが、$(C_0 + I + G)$の値はさまざまな理由により変化することがあり、(3)式をとおして均衡GDPを変動させる。たとえば民間投資Iや政府支出Gが1単位変化するならば均衡GDPは$1/(1-c)$単位変化する。限界消費性向cは0と1の間の値であるから、この均衡GDPの増加分は1より大きく、投資や政府支出の小さな変動はGDPに対して大きな影響を与えることになる。この仕組みを乗数効果とよぶ。今日のマクロ経済学の基礎を作ったイギリスの経済学者であるJ. M. ケインズ（1883－1946）は、企業の投資が不安定な心理的要因などによって左右され、そのことが乗数効果によって大きな景気変動を引き起こすと考えた。

乗数効果が働くのはなぜだろうか。生産額が一定であるとき、投資が1単位減少すれば、生産物市場では1単位の超過供給が発生し、生産者や流通業者は売れ残った生産物を在庫として抱え込むことになる。この過剰な在庫は企業の生産活動を萎縮させ、いずれはGDPを1単位減少させるだろう。しかし総需要の減少がもたらす効果は、そこで終わらない。GDPが縮小し企業の収入が

減少すれば，家計の所得も減少し，そのことが家計の消費をさらに萎縮させるからである。このように，当初の1単位の総需要減少は，家計の所得を減少させることをとおして派生的な消費の減少をもたらし，結果としてGDPを1単位以上減少させてしまうのである。

（3）総需要の変動

上でみたように，総需要を構成する消費，投資，政府支出のいずれかが変化すればGDPは変化する。ここでは総需要を変化させる要因について考えてみよう。これら3つの中で最も大きく変動するものは投資である。投資とは，企業が将来の収益を見込んで，工場や機械などの耐久的な生産設備を購入することであった。数多くの企業がさまざまな投資案件を検討しているが，その中で採算がとれると判断され実行に移される案件の総額がマクロ的な意味での投資となる。たとえば，現在100万円の費用をかければ，1年後には105万円の収益が得られると期待される投資案件があるとしよう。この案件の収益率は5％であるが，それを実行するためには100万円の資金を借り入れる必要がある。このとき，借り入れた資金にかかる利子率が5％未満であれば，投資収益から借り入れ金を返済しても利益が残るので，この案件は実行されるが，利子率が5％を超えるならば，この案件は実行されない。以上のことは，Chapter 5で学んだ「現在価値」の考え方を用いて理解することもできる。この投資案件を実行する際に必要となる費用は現在の100万円であるが，そこから得られる収益は1年後の105万円である。1年後の105万円を利子率で現在価値に割り引いて105万円／（1＋利子率）とし，その値を投資の費用である100万円と比較してみよう。ここでも，利子率が5％よりも低ければ，投資収益の現在価値は投資費用を上回るので，この案件は実行されるだろう。以上の例からわかるように，利子率が下がれば，より多くの投資案件が実行されるようになり，マクロ的な投資量は増える。

利子率以外にも投資に影響を与えるものがある。企業は，それぞれの投資案件が将来どれだけの収益をもたらすかを予想したうえで，それらを実行するか否かを決定する。しかし，そのような予想を合理的に行うことはきわめて困難であるから，投資の判断は心理的要因に影響されやすい。たとえば，先ほどの

投資案件を検討している企業の心理が好転し，1年後に得られる収益の予想が105万円から107万円に修正されるならば，この投資案件が実行される可能性は大きくなる。このように，企業の投資心理が楽観的になるならば，実行に移される投資案件は増え，投資量は増加するだろう。要約するならば，利子率の低下や，企業心理の好転は企業の投資を刺激することでGDPを引き上げる。

自己実現的な予言

　私たちがファミリーレストランで食事をするとき，そこで得られる満足は，事前にかなり正確に予測できる。しかし，そのファミリーレストラン・チェーンがある町に支店を出そうとする場合，その投資が有益であるか否かが明らかになるまでには，何年もの時間がかかるのが普通であり，経営者が事前にこのような予測を行うことはきわめて難しい。したがって，投資の判断は消費の判断よりも大きな不確実性にさらされているといえる。

　ケインズは，このような状況下で行われる企業の投資判断は，非合理的なジンクスや心理的な要素に影響され不安定になりやすいと考え，そのような要因を「アニマル・スピリット」とよんだ。たとえば「太陽黒点に変化があるとき，景気は悪化する」というような迷信があるとしよう。これは明らかに非合理であるが，もし多くの経営者がこの迷信を信じてしまったとしたら，なにが起こるだろうか。たとえば，ある年に偶然，太陽黒点の状態が変化したとしよう。これにより，迷信を信じる一部の経営者は投資を控えるようになるだろう。彼らは将来の景気に対して悲観的になり，生産設備を拡大しても十分な需要が見込めない，と考えるからである。

　投資の減少は総需要を減少させ，景気を本当に悪化させてしまう。このような太陽黒点と景気の相関が観察され続けるならば，いままで迷信を信じなかった経営者も，景気の予測にあたって太陽黒点を参考にするようになり，迷信はますます影響力をもつようになるかもしれない。この例のように，人びとが根拠のない予言を信じることにより，予言が本当に実現してしまう現象を「予言の自己実現」という。

政府の行動が総需要に影響を与えることもある。道路工事などの公共事業が増えることは政府支出を拡大し，総需要を直接刺激する。また先の式には明示的に現れていなかったが，税の変化も消費の変化をとおしてGDPに影響を与える。GDPの水準が以前と同じであったとしても，税額が引き下げられるならば，税を支払った後の可処分所得は上昇し，家計は消費支出を増加させるだろう。これは上の式において基礎消費C_0が上昇したことと同じ効果をもち，総需要を引き上げる。

また，株式や不動産の価格が上昇することで家計の保有する資産が増加する場合，現在の所得が増えないとしても家計は消費を増やすと考えられるから，これも減税と同様に消費を刺激し総需要を引き上げる。

（4）物価水準と総需要

ここまでは，金額ではかった総需要額と，それを物価水準で割ることによって求められる実質値の総需要を区別しなかった。しかし物価が変化する場合，両者を区別する必要が生じる。私たちの生活にとってより重要なものは実質値であるから，以下で議論される「総需要」やその構成要素である「消費」，「投資」などは，すべて実質値，すなわち生産物市場において何単位の生産物が需要されるか，を表しているものとしよう。

物価の変化は実質総需要にどのような影響を与えるだろうか。Chapter 2 では個々の財の需要曲線について考察したが，そこでは，価格が下がればその財の需要は増えると考えた。総需要はすべての財の需要の合計であり，物価はさまざまな財の価格を平均したものであったから，物価が下落すれば総需要は増えるように思われる。しかし個々の財の需要に関する議論を，単純にマクロ経済に適用することはできない。

個別の財の価格と需要量の関係を考えたときには，他の財の価格は一定であると想定されていた。リンゴの価格だけが下落するならば，リンゴの他の財に対する相対価格は下がるので，これまで他のくだものを食べていた消費者の一部は，リンゴを食べるように変化し，リンゴの需要量は拡大するかもしれない。しかし，すべての財の価格が同時に同じ率で変化する場合，物価水準（これをPと表そう）が変化しても，各財の相対価格は変化しない。たとえば中央銀行

が，現在利用されている貨幣を一新することを決め，旧貨幣を100円につき1円の率で新貨幣と交換し，同時にすべての価格や金額をこれまでの100分の1に読み替えるように指示したとしよう。このとき物価水準は100分の1に下がったことになるが，人びとの経済行動に実質的な影響はなく総需要の量も変化しないだろう。

それでは「他の事情が一定であるとき」，物価水準が1％上昇する場合にも，総需要の実質値は変化しないと考えてよいのだろうか。先の例では，物価水準が100分の1になると同時に，社会全体に存在する貨幣の総額（これを名目貨幣供給量といい，Mで表すことにしよう）も100分の1に変化しており，名目貨幣供給量を物価水準で割った実質貨幣供給量，すなわちM/Pは変化していなかった。しかし名目貨幣供給量Mが一定であるとき，Pが1％上昇すれば，実質貨幣供給量であるM/Pは1％減少することになる。

今日の経済において，ほとんどすべての交換は貨幣によって媒介されているから，何らかの財を購入しようとする者は，まずそれだけの貨幣を前もって準備しておく必要がある。したがって，貨幣の供給量が実質的に減少したときに，人びとが以前と同じだけの生産物を需要しようとすれば，貨幣は不足してしまうだろう。十分な貨幣を用意できない人びとは需要を控えると考えられるから，物価の上昇によって引き起こされる実質貨幣供給量の減少は総需要を低下させるだろう。このことは図7－3の右下がりの総需要曲線AD（Aggregate Demand）に表されている。

ところで，実質貨幣供給量は名目貨幣供給量Mを物価水準Pで割ったものであったから，Pが一定であってもMが変化すれば，その値は変化し総需要に影響を与える。たとえば，中央銀行が紙幣を増発するなどして名目貨幣供給量Mを増加させるとしよう。このとき物価水準が一定であれば，実質貨幣供給量が増加するから，総需要は増加することになる。このような現象は，総需要曲線が図のADからAD'のように，右にシフトすることで表現され，正の需要ショックとよばれる。

需要ショックの原因となるものは名目貨幣供給量の変化だけではない。前項では投資意欲が改善されたり，政府が公共事業を増やしたりすれば，総需要が刺激されることをみた。これらも，物価とは無関係にGDPを引き上げるから，

図7-3 総需要曲線とそのシフト

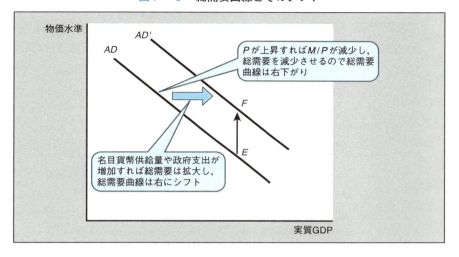

図7-3の総需要曲線を右側にシフトさせる効果をもち，正の需要ショックとみなすことができる。

企業の生産活動と総供給

(1) 実質賃金率と生産意欲

　前節では，総需要を変化させる諸要因が検討された。しかし，それだけでは実質GDPが変動する仕組みを十分に理解したことにはならない。たとえば経済が図7-3のE点にあるとき，何らかの要因で総需要曲線がADからAD′へシフトしたとしよう。このとき，企業が生産を拡大する意欲をもたなければ，経済はE点から真上のF点に移動し，物価水準が上昇するだけで生産量は拡大しないかもしれない。このように，総需要曲線のシフトが実体経済にどのような影響をもたらすかを理解するためには，総供給を決定する企業の生産活動の分析が不可欠である。この節では，総供給を変化させる要因について検討しよう。

生産を拡大するためには，生産技術を改善するか，資本設備や労働などの生産要素の投入量を増やさなければならない。しかし技術を革新したり，工場を増築するなどして資本設備を増加させるには長い時間が必要である。それに比べて，新しい労働者を雇い入れたり，退職した労働者の後を補充しないことで，労働投入量を調節することは比較的短期間で可能であろう。そこで，短期的には，技術と資本の投入量は一定であり，労働投入量のみが企業にとって調節可能であると考える。

ある企業が労働投入量を1単位増やすとき，それによって得られる生産量の増加分を労働の限界生産物という。労働投入を1単位増加させることにより企業の収入は，労働の限界生産物に生産物の価格を乗じた額だけ拡大するが，その一方で追加された1単位の労働に対し，名目賃金率の額だけの支払いが発生する。したがって，

$$労働の限界生産物 \times 生産物の価格 > 名目賃金率$$

が成立するならば，雇用の拡大は利潤を増やすことになり，その企業は生産を拡大する誘因をもつだろう。上式の両辺を生産物の価格で割れば，

$$労働の限界生産物 > \frac{名目賃金率}{生産物の価格}$$

と書けるから，名目賃金率が生産物価格に対して相対的に下落するならば，上式の右辺は低下し，この不等式は成立しやすくなるので，生産拡大の意欲は強まる，ということができる。

また，物価水準 P はさまざまな生産物の価格を平均したものであったから，名目賃金率（これを W と表そう）を物価水準で割った実質賃金率 W/P が下落すれば，多くの企業にとって上式右辺が低下し，マクロ経済全体としての生産量，すなわち総供給は拡大することになる。

（2）物価水準と総供給

それでは，物価水準 P の変化は総供給にどのような影響を与えるのだろうか。もし名目賃金率 W が一定であるとすれば，物価 P の上昇は実質賃金率 W/P を

引き下げ，総供給を拡大させるだろう。しかし，Pが上昇すると同時にWも同率で上昇する場合には，W/Pは変化しないので総供給も動かない。このように，物価の変動が総供給にどのような影響を与えるかは，それに対して名目賃金率がどのように反応するかによって異なる。

多くの場合，名目賃金率は労働契約で明示的に定められており，一定期間は変更できないから，短期的には「硬直的」であると考えてよい。この場合，物価の上昇は短期的には実質賃金率を低下させ，総供給を拡大させる。この関係は図7－4の右上がりの短期総供給曲線 SAS（Short-run Aggregate Supply）で表現されている。

いま，経済が短期総供給曲線 SAS 上の E 点にあり，そこでの GDP を生産するために，すべての労働者が雇用される完全雇用が実現しているとしよう（このような GDP の水準を Y^f と表そう）。このとき，何らかの理由で物価水準が下落すれば，短期的には名目賃金率が硬直的であるため実質賃金率 W/P は上昇し，総供給は下落して経済は F 点に移動する。F 点における総供給は，完全雇用に対応した GDP である Y^f よりも低いから，企業は，すべての労働者を雇用する必要を感じない。すなわち，ここでは労働者の一部が失業することになる。

図7－4　短期と長期の総供給曲線

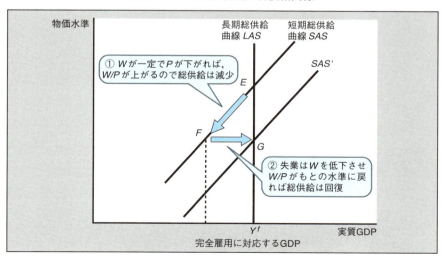

しかし，この不完全雇用の状態が長期にわたって持続するとは考えにくい。失業者はより低い賃金を受け入れても企業に雇用されようとするため，このような状況では名目賃金率Wが低下し始める。これにより物価が一定であっても実質賃金率が下がり，総供給は上昇するが，これは短期の総供給曲線が右にシフトすることを意味している。この動きは実質賃金率がもとの水準に戻り失業者がすべて雇用されるまで続くから，長期的には短期の総供給曲線は図のSAS'までシフトし，総供給は以前のY^fの水準を回復することになるだろう。この長期的な関係は図7－4においてE点とG点をとおる垂直な長期総供給曲線LAS（Long-run Aggregate Supply）として表されている。

（3）供給ショック

ここまで，生産技術，資本設備の総量や労働人口は一定であると考えてきた。しかし長い時間が経過すれば，それらが変化することもあるだろう。最後に，このような長期的変化が総供給に対して与える影響について考察しよう。

賃金率は労働市場の需要と供給を一致させるように調整されるから，長期的には労働投入量は労働人口と一致し完全雇用が実現するはずである。したがって，少子高齢化の進展などにより労働人口が減少すれば，完全雇用状態における労働投入量も減少し，対応するGDPであるY^fは低下する。これは長期の総供給曲線を左にシフトさせるだろう。

また企業の設備投資により資本設備が増加したり，技術進歩が起これば，労働投入量が以前と同じであっても，より多くの生産物が得られるようになるので，企業の生産意欲は高まり，完全雇用に対応した実質GDPの水準も大きくなる。このことは短期と長期の総供給曲線が右にシフトすることを意味する。

これらの総供給曲線をシフトさせる要因は供給ショックとよばれる。

マクロ経済の均衡と変動

（1）景気変動と景気対策

この節では，これまでの議論を踏まえて，マクロ経済の均衡とそれが変動す

るメカニズムについて考察しよう。

図7-5は短期的な経済の変動を説明するものであり、総需要曲線ADと短期総供給曲線SASが描かれているが、この図はChapter 2でみた個別の財の市場における需要曲線と供給曲線の図と、同じ形をしていることに注意してほしい。

物価水準が両曲線の交点Eに対応する水準Pよりも高いとき、総供給は総需要よりも大きくなるから、生産物市場は超過供給になり、物価水準は下落する。逆に物価水準がPよりも低い場合には、生産物市場は超過需要になり、物価水準は上昇する。このようにして物価はPの水準に調整され、経済は均衡点であるEに落ち着くことになるが、これはChapter 2で議論された市場の価格調整メカニズムと同じものである。

それでは、経済がE点の均衡状態にあるとき、企業が将来に対して悲観的になり投資が萎縮するとすればなにが起こるだろうか。これは総需要曲線をADからAD'へシフトさせるから、経済はE点からF点へ移動し、実質GDPと物価はともに下落する。また、生産量の縮小により労働者の雇用も減り失業が発生する。このような総需要の減少をとおして景気を悪化させる要因としては、企

図7-5 短期における需要ショック

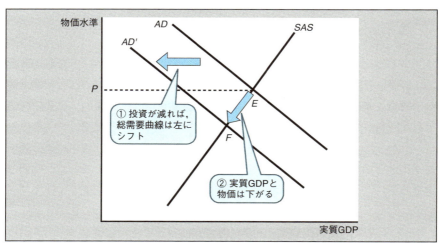

業の投資心理の悪化のほかにも，増税，名目貨幣供給量の減少，政府支出の減少，資産価値の下落などによる消費の鈍化などがある。また，企業が過度に楽観的になり投資が過熱する場合には，図とは逆に総需要曲線が右側にシフトするので，実質GDPが適正な水準を超えて拡大すると同時に，物価が上昇するインフレーションが発生することもある。

　急激な景気変動は好ましいものではない。とくに失業の発生する不況期には，政府は景気を回復させるために，何らかの対策をとるべきだと考えられている。たとえば，公共事業を興して政府支出を拡大したり減税を行うなどの拡張的財政政策によって総需要曲線を右にシフトさせれば，実質GDPを回復させることができる。ただし，このような政策は財政赤字を拡大させ，かつ物価を上昇させるという2つの副作用をもつ。また名目貨幣供給量を増やす金融緩和政策によっても総需要曲線は右にシフトし，同様の効果を得ることができるが，ここでも景気の回復は物価上昇という副作用を伴う。

　景気が過熱しインフレーションが発生している場合には，上とは逆の政策がとられることもあるが，これらは緊縮的財政政策，金融引き締め政策とよばれる。政府支出，税，名目貨幣供給量を操作することで，実質GDPや物価を調整することは，今日，最も一般的なマクロ経済政策となっているが，これらはすべて総需要曲線をシフトさせることによりマクロ経済を操作しようとするものであり，まとめて総需要管理政策とよばれる。

(2) 長期均衡と供給ショック

　前項でみたように，総需要曲線のシフトは，短期的に実質GDPを変化させる。しかし長期的には，総供給曲線が垂直になるので，このような効果は一時的であり，実質GDPが完全雇用の水準Y^fから離れることはない。図7-6には総需要曲線ADと長期の総供給曲線LASが描かれており，経済はそれらの交点Eにあるとしよう。ここで政府が拡張的財政政策をとるなどして総需要曲線をAD'にシフトさせれば，経済は真上のF点に移動する。このことは，総需要管理政策は，長期的には物価水準を変化させるだけで，実質GDPを拡大する効果をもたないことを意味している。

　また先にみたように，企業の投資心理が悪化する場合，生産量は一時的に下

図7－6　長期均衡と供給ショック

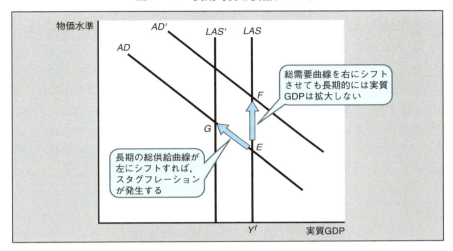

落し失業が発生するが，長期的には労働市場において名目賃金率が下がることで失業は解消し，不況は自然に回復することになる。その意味で，総需要管理政策が正当化されるためには，それが迅速かつ正確に行われ，労働市場の調整をとおした自然回復を待つよりも好ましいと判断される必要がある。

　生産技術の変化や資本蓄積は長期総供給曲線をシフトさせることで経済に影響を与える。たとえば石油価格が上昇すれば，企業が以前と同じ生産活動を続けていたとしても，石油の費用を産油国に支払った後に自国に残る付加価値は減少する。これは，国内において以前と同じだけの生産要素を投入したにもかかわらず，生産量が減少したことになるので，生産技術の悪化と同様の現象であり，「負の供給ショック」として解釈できる。このようなショックがあれば，完全雇用に対応した実質GDPは低下するので，図7－6における長期の総供給曲線は LAS から LAS' へシフトし，経済は E 点から G 点へ移動する。ここでは生産量の減少と物価の上昇が同時に観察されることになるが，このような現象をスタグフレーションという。

Problems

1. 政府支出と税収が均衡しているような経済において，家計の貯蓄が企業の投資よりも大きいとき，経常収支はどのような値をとるか説明しなさい。
2. 第2節の議論において消費関数の式が $C=0.8Y+1$ であり，投資 I が12，政府支出 G が7であったとする。このとき均衡におけるGDP，消費，貯蓄を計算しなさい。また，このとき企業の投資が1単位減少するならば均衡GDPはどのように変化するか計算しなさい。
3. 中央銀行が名目貨幣供給量を減少させるとしよう。このことが物価水準と実質GDPに与える影響を，短期と長期の場合に分けて説明しなさい。
4. 情報技術が進歩することにより企業の生産活動がより効率的になるとすれば，それは物価水準と実質GDPにどのような長期的影響を与えるか説明しなさい。

Chapter 8

財政と金融

ここではマクロ経済において重要な役割を担っている財政と金融について考察する。まず，予算や租税制度などの財政の仕組みと財政が果たしている3つの主要な機能について概説する。そして，現代の財政が抱える諸問題を中心に，税制，財政赤字と国債および年金や医療などの社会保障の問題点を考察する。

後半では，貨幣と金融という，現代経済の基盤的な制度について学ぶ。貨幣や金融が経済活動に対してどのような役割を果たしているか，また中央銀行の役割と金融政策についても言及する。

● Key Words ●
資源配分の機能，所得再分配の機能，経済安定化の機能，自動安定装置，一般会計予算と特別会計予算，財政投融資計画，直間比率，租税負担率，国民負担率，建設国債，特例国債（赤字国債），公債依存度，賦課方式と積立方式，マネーストック（またはマネーサプライ），ハイパワードマネー（またはマネタリーベース），信用乗数，直接金融，間接金融，市場型間接金融，金融ビッグバン，金融政策手段，量的・質的金融緩和政策，日本銀行の自主性（独立性）

財政の機能とその仕組み

(1) 財政の基本的機能

　国や地方公共団体が行う経済活動を財政という。今日の政府は，課税，借入および支出などの財政活動を通じてさまざまな機能を果たしている。その主要な機能には次のようなものがある。

　第1は，資源配分の機能である。市場機構に委ねていたのでは十分な供給が困難であったり，あるいは政府が行うほうが望ましいと考えられる国防・警察などのサービス，道路・上下水道などの社会資本（これらを市場で取り引きされる私的財と区別して，公共財という）の提供を行ったりして，国民生活の安定・向上を図っている。

　第2は，所得再分配の機能である。今日，多くの先進資本主義国では所得や富の不平等な分配を是正するため，所得税や相続税などに累進税制を取り入れ，また徴収した税金を生活保護・雇用保険などの社会保障によって再分配し，所得の分配の平等化を図っている。近年，税率のフラット化などにより税の累進度が低下し，生活保護などの社会保障給付によって補なっているものの，こういった同一世代間での再分配機能が低下する傾向にある。

　第3は，経済安定化の機能，すなわち景気調整の機能である。本来，財政には，累進所得税や法人税制度，失業保険制度など景気を安定させる自動安定装置（ビルトイン・スタビライザー）が組み込まれているが，この働きだけでは不十分なので，総需要管理政策の一環として裁量的な財政政策がとられる。不況期には公共支出の増大や減税などによって有効需要を増やし，景気が過熱するときには公共支出の削減や増税などを行って有効需要を抑制する。今日の財政政策は，統一された経済政策をめざして金融政策と一体的に運用（ポリシー・ミックス）されることが多い。また，経済のグローバル化に伴い各国との経済政策の協調も各種の国際会議で盛んに行われるようになっている。

図8-1 2014(平成26)年度一般会計予算

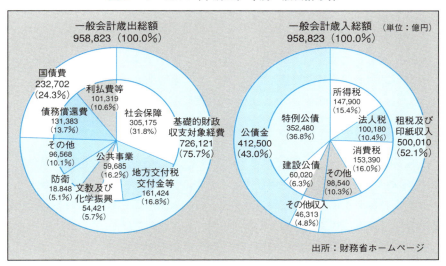

出所:財務省ホームページ

(2) 予算

　このように，政府・財政が国民経済の中で果たす役割は非常に大きい。これに伴って，財政の一国経済に占める比重は高まり，その影響力もきわめて大きくなっている。その政府活動の規模や内容を具体的に示すのが予算である。

　政府は，毎会計年度の予算（歳入・歳出の予定計画）を作成して国会に提出し，議決を得たうえでこれを実施する。わが国の予算は，一般会計予算と特別会計予算に大きく分かれる。前者は政府の一般行政に伴う財政活動の予算であり，後者は国が特定の事業を行ったり，特定の資金を運用・管理したりするための予算である。このほか，特別の法律によって設立された法人で，政府がその資本金を全額出資している政府関係機関の予算も国会に提出して，その承認を受けることになっている。

　一般会計の歳出予算の構成をみると，国債の償還や利払いにあてる国債費と地方自治体間の財源均衡化と財源保障を目的とする地方交付税交付金がそれぞれ24％と17％ほどを占めている。この2つは自動的に歳出額が決まるのでこれらを除いたものが政策的な経費となり，一般歳出とよばれている。社会保障

関係費はこの一般歳出の中で最大の54％以上を占めている。次いで，公共事業関係費が一般歳出の11％弱を占めている。

これに対し，歳入予算では租税収入が52％で，43％ほどを借入である公債金収入で埋め合わせている。「借入を除く税収などの歳入」から「国債費を除いた基礎的財政収支対象経費」を差し引いた，基礎的財政収支（プライマリーバランス）は大幅な赤字であり，財政の持続可能性が問題となっている。

（3）財政投融資

通常の予算のほかに，民間では事業の実施または資金の調達が困難な場合に，租税によらず，有償資金の活用が適切な分野について，投資や融資という手法を用いる仕組みとして財政投融資がある。その運用計画である財政投融資計画が毎年度予算編成作業とあわせて策定され，運営されている。

財政投融資の対象は，国の特別会計，政策金融機関，独立行政法人，地方公共団体や日本政策投資銀行などの特殊会社など，公共性の強い部門である。その原資としては，郵便貯金と年金積立金が中核であったが，財政投融資改革により2001年4月から，財政融資資金特別会計が発行する国債（財投債）や財政投融資機関が発行する財投機関債で，主に金融市場を通じて資金調達を行っている。

（4）公的部門とその支出

家計や企業などの民間部門に対して政府全体を表す公的部門の規模を把握するには，一般政府レベルでのデータが有益である。一般政府とは，国（＝中央政府）と，地方（＝都道府県・市町村の地方自治体）の政府部門と社会保障の勘定（社会保障基金）の3つの政府部門を統合した概念である。この一般政府に公的企業を加えたものが公的部門であり，2013年度でGDP（国内総生産）に占める公的支出の比率は約25％になっている。

その内訳は，政府の消費支出である政府最終消費支出が20％，政府の投資である公的資本形成が5％ほどとなっている。公的固定資本形成の水準は，1990年代は8％前後で，欧米諸国と比べて日本の水準は高かったが，各種の社会資本整備の水準がかつてに比べて相当上昇している状況や厳しい財政事情

を反映して低い水準になってきた。

なお，政府支出のうち，生活保護費や年金などの現金による社会保障給付や補助金の支払いや国債の利子・償還費は，それ自体としてサービスを提供するものでないためGDPには含まれていない。これらの支出を加えた政府財政の規模がGDPに占める割合は40％以上であり，アメリカよりは高いが，ヨーロッパ諸国よりは低くなっている。

税制とその課題

（1）税制改革

財政収入の大きな割合を占めているものが，国民の負担する租税である。租税は，直接税と間接税に分類される。一般的に直接税は，納税者と税負担者が同一人である税をさし，所得税・法人税・相続税などがその例である。国税収入に占める割合は，所得税が30％前後，法人税が22％で，重要な税目となっている。

これに対し，間接税は，納税義務者と税負担者とが異なる税，すなわち税負担が転嫁される税をさし，消費税や酒税などが含まれる。間接税の中でも消費税は最大の税目で，国税収入の23％ほどを占める。間接税は，生活必需品に課税されると，低所得者ほど所得に対する負担割合が高くなる逆進課税になりやすい。租税に占める直接税と間接税の比率（直間比率）は，国民生活と深い関係をもっており，国税だけでは56：44であるが，地方税を含めた租税総額では66：34となっている。

戦後日本の税制は，1949・50年のシャウプ税制勧告による所得税中心主義をとってきた。しかし，業種別所得に対する税務当局の捕捉率の格差や高い累進税率が労働意欲の妨げとなっているなどの弊害が指摘されてきた。その後の日本経済の発展に伴う産業構造の変化や所得水準の向上によるサービス支出の増加などに対して税制の対応が遅れ，経済の効率性と税負担の公平性との調和を図る必要性が高まった。さらに，進行する高齢社会への福祉財源の安定的確保や財政健全化のために歳入の安定的な増加が必要とされるようになった。

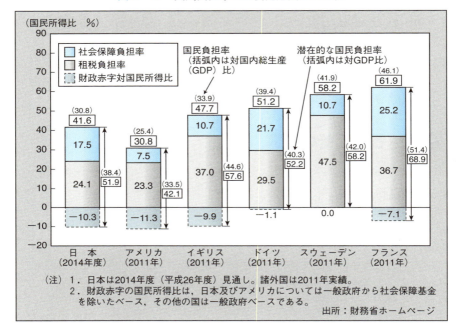

図8－2　国民負担率の主要先進国との比較

　このため，1989年には公平・中立・簡素を基本理念とした抜本的な税制改革が行われた。これは所得税の税率構造の緩和，法人税率の引き下げ，課税対象を消費全体に広げる消費税の導入などを含むものであった。今後も，所得（ヒト）・消費（モノ）・資産（カネ）に対する課税を調和させ，国民の税に対する不公平感を取り除き，必要財源を確保する簡素で安定的な税制のあり方を確立していくことがますます重要となっている。

（2）租税負担率と国民負担率

　わが国の租税負担の状況をみると，国民所得に対する租税（国税および地方税）の割合を示す租税負担率は2014年度で24％であるが，ヨーロッパ諸国に比べるとまだ低い水準にある。ヨーロッパ諸国では消費課税や個人所得課税の比重（それぞれ国民所得の14％と12％程度）がわが国のそれ（7％と7％）

よりもかなり高く，とくに消費課税である付加価値税のもつ重要性は大きい。

また，社会保障拠出金（年金や健康保険などの社会保険料）はその負担が租税と同じように義務的なものであり，国民所得に対するその割合を社会保障負担率とよび，さらに租税負担率にこの社会保障負担率を加えたものを国民負担率とよんでいる。日本の国民負担率はアメリカのそれより高い水準にあるが，ヨーロッパ諸国に比べると低い。スウェーデンは福祉国家として有名であるが，国民負担率は58％と近年低下傾向にあり，フランスの62％よりも低くなっている。

なお，国民負担率には，将来の国民負担となる多額の財政赤字が算入されて

目的税（特定財源）

目的税とは特定の使途または事業に要する経費にあてるために課される税である。わが国では，ガソリンに対して，揮発油税と地方道路税が課せられているが，これらは道路整備に関する費用にあてる目的税となっている。しかし，近年，道路建設の抑制に加え，財政再建の一助とするため，これらの道路特定財源を，使途を特定しない一般財源化に振り向けるべきであるという見直し論議が本格化してきている。

一方，消費税を福祉目的税にするという構想が近年注目を浴びた。今後の高齢化社会では医療，年金など福祉関連の支出の増大が予想される。その財源を安定的に確保するために，消費税率の引き上げにともないその増収分を含む消費税収はすべて社会保障財源化されることになった。これは，消費税の増税に対する国民のアレルギーを和らげるための政治的配慮とも解釈できる。

一般的にいえば，ある税収をある特定の使途に限定することは必ずしも効率的とはいえない。なぜなら，すべての税収をまとめて，それをどの支出に配分するかを適切に決めるほうが，予算編成の自由度が高くなる分だけ，より望ましい予算編成が可能となるからである。しかし，目的税は，予算編成の自由度をしばるというデメリットをもっているが，場合によっては，そうしたしばりが恣意的な政治的介入を排して結果的に望ましい経済運営をもたらすこともあり得る。また，受益と負担の関係がより明確になるというメリットもある。

いない。財政赤字という形で将来世代への負担の先送りをしつつ、現世代が負担を上回る行政サービスを享受しているのである。財政赤字を含めた国民負担率を潜在的な国民負担率とよぶが、この潜在的な国民負担率は2014年度で約52％にも達している。政府は将来の国民負担率を50％以下とすることをめざしていたが、急激な高齢化社会の進行と国債残高の累増を考えるとき、今後の国民負担率がどこまで高くなるのか懸念される。

3 財政赤字と公債

（1）公債発行

国や地方公共団体が不足する財源を補うために、公債（国債・地方債）を発行する場合がある。わが国では、1947年に制定された財政法によって国債の発行が厳しく制限されてきた。しかし、1965年の不況をきっかけに財政法第4条で例外的に許容された建設国債が発行されるようになった。また、1970年代後半からの低成長期に入ると、財政赤字を補填するために特例法による特

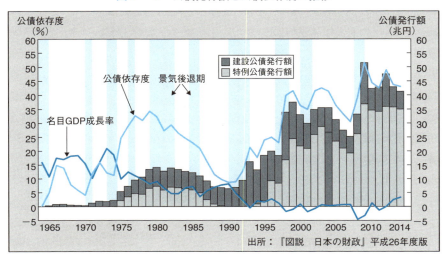

図8－3　公債発行額と公債依存度の推移

出所：『図説　日本の財政』平成26年度版

例国債（赤字国債）も発行されるようになった。

　一般会計予算に占める公債金収入の割合である公債依存度も30％を超える状態となり，国債残高も急速に累増した。このため1980年代後半から90年代前半までは国債発行額が徐々に抑制される一方，1989年の消費税導入やバブル景気による税収の大幅な増加がみられたため，1990年度までに赤字国債依存体質からの一時的な脱却がなされた。

　ところが，90年代半ばからバブル経済崩壊後の不況対策として大量の国債発行が再開されるようになった。不況のため税収が減少したことに加え，1997年後半に発生した金融システム不安やアジア経済の混乱のため，景気がいっそう深刻化し，より積極的な景気刺激策が採用され，減税や公共投資の増額が行われる一方で，その財源を調達するために，国債発行は大幅に増加した。

　さらに2008年にはリーマン・ショックによる景気低迷やその後の経済危機対応により歳入と歳出のかい離が拡大して大量な国債発行が続き，財政状況が著しく悪化している。

（2）公債残高の累積

　このような近年における国債発行額の増加により，国債残高も急速に膨張している。1994年度には200兆円であったのが，2000年度には368兆円，2007年度には527兆円に達し，2014年度末には約780兆円に達する見込みである。また，国のほかに，地方公共団体も多額の借入を行っており，国と地方を合わせた長期債務残高は，2014年度末には1010兆円程度となり，これはGDPのほぼ200％という水準にもなる。

　2014年度の国債費は，歳出予算の約24％であり，きわめて厳しい状況が続いている。そのため，財政再建は，緊急の課題となっている。国債の発行は，不況期における歳入不足や需要の減少を補い，景気を回復させるという利点をもっている。しかし，巨額の国債残高はその返済をめぐって財政の硬直化，後世代への負担増などの問題を残すことにもなる。したがって，その発行については，長期的展望に立って慎重に行われなければならない。

4 社会保障制度の構造改革

(1) 社会保障関係費の増加

　社会保障制度は，今日の福祉国家における最も重要な制度であり，国民の健康を維持し，生活の安定を確保するうえで，大きな役割を果たしている。わが国では社会保障関係費が政府予算の一般歳出の中で最大の割合を占めている。

　人口の少子高齢化の進展に伴って社会保障給付とその負担がいっそう増大していくことが予想される。その中で，世代間・世代内の給付と負担の均衡を図りつつ，制度の合理化・効率化を図ることによって，わが国の経済・財政と調和させながら，将来にわたって持続可能な制度を構築することが急務となっている。

　社会保障関係費の中でも総額の7割以上を占める社会保険費の上昇が顕著である。社会保険とは，病気，老齢，障害，失業，業務災害などに直面した人びとに，現金を給付したり，社会サービスを提供したりして，生活を安定させることを目的とする公的保険であり，医療，年金，雇用，労働者災害補償などの保険，そして新しい制度として2000年度から導入された介護保険などがある。こうした医療保険や公的年金保険の改革が不可避となっている。

(2) 医療・年金保険の改革

　医療保険には，被用者保険（組合健康保険，全国健康保険協会管掌健康保険など）と一般地域住民を対象とする地域保険（国民健康保険）とがある。現在，国民皆保険のもとで国民はいずれかの制度の適用を受けることになっている。しかし，医療給付費の伸びが大きく，このままでは国民の負担が継続的に上昇していかざるをえない状況にある。公的医療給付の伸びを，とりわけ高齢者医療費の伸びを抑制する必要性が高まっている。

　年金保険は，老齢，退職，障害，または死亡という稼得能力の喪失ないし減少を原因として，各種の年金給付を支給する制度である。職域などによって縦割りにされた各種年金制度であったため，制度間で負担や給付に大きな格差が

年金の財政方式

　公的年金の財政方式には，賦課方式と積立方式の 2 とおりがある。賦課方式は，現役世代が同時期に生きている引退世代の年金を負担する。積立方式は，現役期に，引退期での年金のために保険料を拠出し，それを積み立て運用された基金を引退期に年金として取り崩す方式である。

　わが国の財政方式は修正積立方式とよばれ，積立方式と賦課方式の中間と説明されている。しかし，その実態はかなり賦課方式に近い。2 つの方式を所得再分配の観点からみると，積立方式では世代内再分配が起こる。つまり，早く亡くなる人と長生きする人との間で再分配が行われる。賦課方式では世代内再分配とともに，現役世代から引退世代へ再分配される世代間再分配が起こる。

　近年の急速な少子高齢化に伴って，いまのままの修正積立方式（賦課方式）では，年金財政の破綻が危惧されている。賦課方式では世代間で所得の再分配を行うため，世代ごとに人口が変化すれば，人口のより少ない世代はより大きな負担を負うことになり，世代間で負担の不公平が生じる。

　これに対し，積立方式は世代間の所得の移転が行われないので，人口構成の変化が生じても年金の負担・給付に関して影響を受けない。しかし，もしインフレーションが進行すると，現役時に積み立てた年金の価値が将来目減りしてしまうおそれがある。

あったが，1986 年に給付格差の是正を図るための制度改革が行われた。現在の年金制度は，全国民に共通した「国民年金（基礎年金）」を基礎（1 階）に，その上乗せとして，2 階部分に報酬比例の年金である「被用者年金」（厚生年金，共済年金）があり，さらに 3 階部分として「企業年金」がある。国民年金のみの加入者には，サラリーマンや公務員などの 2 階部分に相当する「国民年金基金」があるが，今のところかぎられた人しか加入していない。各年金間の格差是正とともに，増大していく年金財政の負担を軽減するために，年金の受給年齢の段階的引き上げや給付水準の適正化や保険料率の変更などが行われている。

また一方で，国民年金の空洞化問題が深刻化している。国民年金の被保険者の4割弱が保険料未納であり，所得が低いために保険料を免除されている人や学生納付特例者を含めると被保険者の約4割が保険料を払っていない状況がある。その背景には，非正規労働者の増加という社会現象があり，さらに最近では，法律で加入が義務づけられているにもかかわらず，企業負担分を避けて厚生年金に入らない企業が増えているという現実もある。このように公的年金制度を取り巻く環境は急速に悪化している。給付と負担の長期的な均衡を図るために，5年に1度，財政再計算を行っているが，持続可能で安定した公的年金制度を今後とも維持していくためには，さらなる検討と対応が必要である。

5 貨幣の機能とマネーストック

（1）貨幣の基本的機能

現在あらゆる経済取引において利用されている貨幣は人類の偉大な発明の1つである。貨幣はいわば，経済の潤滑油あるいは血液とさえいえよう。貨幣の果たす基本的な機能として，一般的交換手段，価値尺度および価値貯蔵手段の3つがあげられる。

一般的交換手段とは，取引の支払いや決済に貨幣が使われることを意味する。価値尺度とは，たとえば円やドルといった，財やサービスの価値（価格）を表示する統一的単位を意味する。資産はすべて価値貯蔵手段でもあるが，貨幣は，他の資産に比べてその価値が安定的であり，かつ価値を減ずることなくすぐに取引に使える「流動性」という性質をもっている。

貨幣のこれらの機能がいかに重要であるかは，貨幣を使わない取引，すなわち「物々交換（barter）」の非効率性を考えれば容易に理解されよう。物々交換では，自分が買いたい財をもっており，同時に自分の売りたい財を買いたがっている相手を探さなければならない。これを「欲望の二重の一致」という。また，統一的な価値表示単位がなければ，どれが割安か割高かもわからず，多種多様な財の取引を行うのはきわめて困難であろう。さらに，安定的かつ流動的な価値貯蔵手段がなければ，有利な取引機会や不意の出費に即座に対応するこ

とも，将来に向けて価値を貯蔵することも難しいであろう。

これらの機能に対応して，家計や企業が貨幣を保有する動機に，（支払いに使うための）取引動機，（不測の出費に対応するための）予備的動機および（安全かつ流動性の高い資産として保有する）資産動機がある。このように，貨幣は現在および将来にわたる経済取引を効率化することをとおして，経済活動を支え，さらには促進する最も重要なインフラストラクチャーの1つとなっている。

（2）貨幣形態の進化

紀元前から貝殻や貴金属などが貨幣として使われていたが，現在の貨幣は預金と紙幣（および鋳貨）である。現在の貨幣は，かつての貴金属などのようにそれ自体に商品としての価値をもつ「商品貨幣（commodity money）」ではなく，素材価値をもたず，政令によって決められる「名目貨幣（nominal money）」である。

しかし，ある「もの」が貨幣として使用されるためには，それ自体が価値をもつ必要はなく，それが貨幣として問題なく通用すると人びとが認めていればよい。そのためには，その「もの」が耐久性にすぐれ，分割しやすく，携帯しやすいなどの軽便性をもっていることが重要であることはもちろんである。しかし，それ自体に素材価値をもたない「もの」が貨幣として社会的信認を得るのに最も重要なことは，貨幣の価値が将来にわたって安定していることである。

この安定性を脅かす原因は物価の継続的な変動，インフレーションやデフレーションである。このインフレーションやデフレーションをコントロールし，物価の安定，言い換えれば貨幣価値の安定をその主要な任務としている機関が，紙幣の発券主体である中央銀行（わが国では，半官半民の認可法人である日本銀行）にほかならない。中央銀行が「通貨の番人」あるいは「物価の番人」とよばれるゆえんである。

（3）日本のマネーストック統計

経済の血液にもたとえられる貨幣はわが国ではどのくらい流通しているのだろうか。それは日本銀行が公表しているマネーストック統計でみることができ，

その一部を図8-4に示してある。なお，マネーストック統計は，かつてはマネーサプライ（通貨供給量）統計とよばれていた。日本銀行が作成・公表しているマネーストック統計は1つだけではない。最も狭い意味でのマネーストックはM1（エムワン）とよばれ，流通している日本銀行券と補助通貨（鋳貨）である「現金通貨」と「預金通貨」の合計である。預金通貨に含まれる預金は主に普通預金と小切手を使える当座預金からなる。これらの預金は即座に引き出し可能な預金という意味で，「要求払い預金」ともよばれる。

　M3（エムスリー）は中心的な指標で，M1に定期性預金と譲渡性預金（CD）を加えたものである。定期性預金はまた「準通貨」ともよばれる。譲渡性預金とは，他人に譲渡可能な自由金利の定期預金で1979年に導入された。M2（エムツー）は旧マネーサプライ統計との連続性を保つために作成されている指標であり，M1やM3と異なり，対象預金取扱金融機関にゆうちょ銀行や信用組合などが含まれていない。このほかに最も広い範囲の指標として，投資信託や短期国債など金融資産の一部をM3に加えた「広義流動性」が作成・公表されている。

図8-4　日本のマネーストック

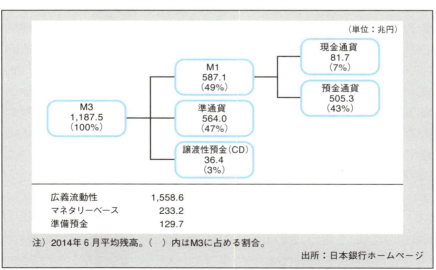

(4) 銀行の信用創造

　現金通貨（日本銀行券）は，いうまでもなく，独占的な発券銀行である日本銀行が発行する貨幣であるが，もう１つの貨幣である預金通貨は民間の金融機関である銀行によって供給される。それでは，銀行はどのようにして預金通貨を生み出しているのであろうか。銀行の業務は多岐にわたるが，その基本的な機能は，受信（預金を受け入れる）機能と与信（貸し出しを行う）機能である。銀行は，以下でみるように，この基本的な機能をとおして預金通貨を創造しているのである。

　銀行の預金創造をみるうえで重要な概念にハイパワードマネー（またはマネタリーベース）がある。これは簡単にいえば，中央銀行（日本銀行）の民間経済部門に対する負債である。中央銀行の抱えている負債には，経済に流通している現金（すなわち，現金通貨）と各銀行が中央銀行に保有する当座預金（準備預金とよぶ）がある。準備預金は，銀行が預金の引き出しにいつでも応じられるように，中央銀行に当座預金の形で預けている準備を意味する。この準備預金については，銀行は自行の預金残高の一定割合（「法定準備率」とよばれる）を日本銀行にある自行の当座預金勘定に預金しなければならないという制度があり，「準備預金制度」とよばれている。かくて，ハイパワードマネー（H）は，現金通貨（C）と準備預金（R）を加えたものである。この準備預金は日本銀行当座預金残高ともよばれる。

　いま，日本銀行がある銀行の準備預金を増やしたとしよう。たとえば，日本銀行がその銀行の保有する国債などを購入し，その代金分だけその銀行の日銀当座預金勘定が増えたとしよう。銀行は利益をあげるために，増えた準備預金を貸出にまわすとする。貸出を受けた借り手ａは全額を企業ｂへの支払いにあてるとしよう。企業ｂはａの小切手を取引銀行Ｂに全額預金するとしよう。ここで，銀行の与信活動（信用創造）の結果，預金が創造されている。

　さらに，銀行Ｂは新たに受け入れたｂの預金の一部を準備預金に残して，貸出にまわすことができる。こうして，貸出→預金→貸出の連鎖が続いていく。このように，はじめに増えた準備預金が，銀行の与信・受信活動をとおして，銀行界全体として，その何倍もの貸出および預金を創造できることがわかる。

電子マネーと新種の銀行

　2001年に「エディ（現楽天エディ）」が発行されて以来，新種のお金として，ICカードにお金の情報を蓄積して（前払い方式），お店の端末で支払い決済したり，鉄道，地下鉄やバスの乗車券代わりに使ったりできる，紙幣や鋳貨に代わる電子マネーが普及してきている。主要な電子マネーには，JR東日本の「スイカ」などの交通系とセブン＆アイ・ホールディングスの「ナナコ」やイオンの「ワオン」の流通系がある。主要な６つの電子マネーの発行枚数は，2014年１月末現在で２億2000万枚を超えたという（「日経流通新聞」2014年３月10日）。電子マネーが普及した主な理由としては，交通系では，定期券や乗車券代わりに使えるという利便性や，流通系では，小銭のやりとりの手間が省けるほか，ポイントが付与されるといった点が考えられる。電子マネーは主に1000円以下の小口決済に利用されているが，電子マネーによる決済総額は2013年で３兆円を超え，ここ３年で３倍に増えたという（「日本経済新聞」2014年３月３日）。最近では，スマートフォンを使ったクレジットカード決済サービスも進展しており，現在の電子マネーに今後とも同様の発展がみられるか，注目されるところである。

　また，店舗をもった従来型の銀行とは異なり，異業種からの新規参入の銀行も知られるようになっている。そのひとつが2000年に設立されたジャパンネット銀行をはじめとする，通常の銀行店舗をもたず，インターネット上で銀行業務を行うネット専業銀行であり，ソニー銀行や楽天銀行など現在６行ある。店舗をもたないという費用面での優位性を生かして，普通銀行に比べて，低い貸出利率と高い預金利率を実現し，認知度を着実に高めている。もうひとつが流通系のセブン銀行とイオン銀行である。セブン銀行はセブンイレブン全店にATMを設置して，預金，ローン，振込み，送金などの銀行業務を行っている。イオン銀行は，ATMのほか，ショッピングセンターにインストアブランチ（店舗）を設置し，住宅ローンや保険，投資信託など幅広い業務を展開している。これら異業種銀行全体の預金残高は2013年で12兆円を超える規模になったという（「日本経済新聞」2014年２月15日）。なお，多くの普通銀行でもインターネットを使った銀行業務は行っている。電子マネーや異業種銀行の業務内容について，それぞれのホームページをみるのも面白いだろう。

いま，銀行の預金準備率（すなわち，準備預金／預金残高）を β とすると，上の例では，最終的に預金通貨の増加は，最初の準備預金の増加分の預金準備率の逆数（$1/\beta$）倍となることがわかる。

（5）マネーストックと中央銀行

上の例では，預金する企業がその一部を現金化せずに，全額を預金すると仮定した。そこで，現金通貨も含めたより一般的な場合を考えれば，マネーストック（M）は，預金通貨（D）と現金通貨（C）の合計となる。

家計や企業などの民間経済主体が現金と預金をどのような比率で保有するかを現金預金比率とよび，α で示そう。したがって，α は現金通貨（C）／預金通貨（D）に等しい。前と同じく銀行の預金準備率を β とすると，ハイパワードマネーの定義から，マネーストック M は，次式のように示すことができる。

$$M = \frac{\alpha + 1}{\alpha + \beta} H$$

この係数（$\alpha+1$）／（$\alpha+\beta$）は信用乗数，または貨幣乗数とよばれる。預金準備率が１よりも小さいので，信用乗数は１よりも大きいことがわかる。

図8－5　銀行の信用創造とマネーストック

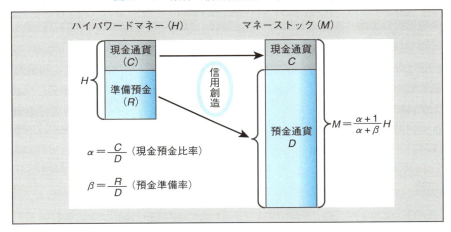

前述の式は，図8－5に示したように，一国のマネーストックMは，ハイパワードマネーHの貨幣乗数倍に等しいことを意味している。このことは，貨幣乗数が安定的で予測可能ならば，中央銀行がみずからの負債であるハイパワードマネーHをコントロールすることをとおして，マネーストックをコントロールできることを示唆している。

6 金融の機能とその仕組み

（1）金融とその取引形態

　金融とは，資金余剰あるいは貯蓄超過主体（資金の貸し手）から資金不足あるいは投資超過主体（資金の借り手）への資金の融通，あるいは資金の貸借をいう。あるいはまた，金融とは現在のお金（資金）と将来のお金（資金）との交換（異時点間取引とよばれる）とみることもできる。すなわち，金融とは現在と将来との間の（資金で表現された）資源配分にほかならず，その仕組み全体を金融システムとよぶ。

　金融取引では，借り手は借用証書を発行し，貸し手はそれと交換に資金を提供するのが一般的である。借用証書は借り手の資産や収益に対する請求権を意味し，貸し手にとっては金融資産である。借用証書（金融資産）には実にさまざまな形態があり，たとえば預金はもちろん，手形，債券，株式などがある。金融取引は国内・国外を問わず，また家計・企業・政府などのすべての経済主体間で何重にもわたって行われている。貨幣と同様に，金融取引が円滑に行われなければ，順調な経済活動や経済発展はほとんど実現不可能である。資金貸借の場を金融市場とよび，金融市場における専門機関を金融機関とよぶ。

　資金融通のチャネルは多様であるが，図8－6にあるように，大きく「直接金融」と「間接金融」に分けることができる。直接金融とは，最終的な貸し手と最終的な借り手とが株式市場や債券市場などでの市場取引をとおして，直接資金の融通を行う方式である。直接金融方式では，貸し手は借り手が借金返済できないかもしれない危険（デフォルト・リスク）を承知のうえで取引を行う。

　一方，間接金融では，最終的な貸し手と最終的な借り手との間に銀行などの

図8-6 金融システム

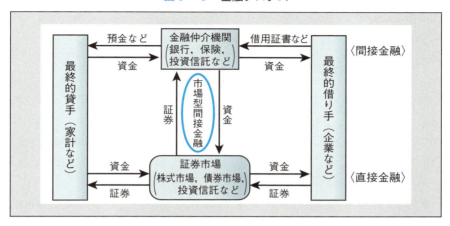

専門金融機関が仲介役として介在し，貸し手，借り手はその金融仲介機関と金融取引を行う。たとえば，貸し手は銀行の預金証書と交換に資金を預ける一方，銀行はその資金を銀行の責任において借り手に融通するのである。こうすることで，貸し手は借り手のデフォルト・リスクを回避して，より安全な形で金融取引を行うことができる。実際にはさまざまな形の金融取引が存在するが，この例が示すように，それらの取引形態は，資金貸借に関わる種々のリスクを多様な形に再配分するという機能（金融のリスク配分機能）も備えている。

（2）金融システムの最近の変化

高度成長期から1980年代までの日本の金融取引は銀行貸出を中心とする間接金融方式が主流であった。しかし，日本経済が経済成長の結果として，従来の資金不足経済から資金余剰経済に変質するにつれて，資金の調達から，資金をいかに有利に運用するかに重点が移った。折から海外からの圧力もあり，規制金利撤廃や金融取引の国際化など「金融の自由化」が叫ばれるようになった。そして最終的には1990年代後半にフリー，フェア，グローバルという3つの基本原則にもとづく「金融ビッグバン」とよばれる包括的な金融自由化，金融制度改革が実施された。それに伴って，日本の金融システムは従来の間接金融方式から株式市場や債券市場など証券市場を通じた金融取引，すなわち直接金

融方式に重点が移りつつある。金融ビッグバンにおいても，証券市場取引を促進するためのさまざまな改革が盛り込まれている。また，間接金融と直接金融の中間型（市場型間接金融）ともいえる投資信託なども拡大発展している。

(3) 利子率とはなにか

銀行に預金すれば，預金利子がつくし，銀行から借入をすれば利子を支払わなければならない。このように，金融取引には利子率（または金利）がつきものである。利子率とは，借り手にとっては1円の資金を一定期間借りるための「借り賃」であり，貸し手にとっては1円を一定期間貸す（あるいは運用する）ことから得られる収益（収益率ともいう）である。

利子率とは資金の価格ということができる。したがって，図8－7にあるように，均衡金利 r_0 は資金市場での資金需要曲線と資金供給曲線の交点で決まると考えることができる。金利は資金の需給曲線のシフトによって変化する。たとえば銀行の貸出供給（すなわち，資金供給）が増加（資金供給曲線が右方シフト）したり，資金需要が減少（資金需要曲線が左方シフト）すれば，金利

図8－7　資金市場の需給曲線図

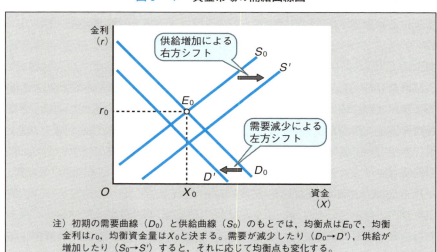

注）初期の需要曲線（D_0）と供給曲線（S_0）のもとでは，均衡点は E_0 で，均衡金利は r_0，均衡資金量は X_0 と決まる。需要が減少したり（$D_0 \to D'$），供給が増加したり（$S_0 \to S'$）すると，それに応じて均衡点も変化する。

は低下することになる。銀行の貸出供給に大きな影響を与え得る1つの要因が，先にみたように中央銀行のハイパワードマネーであり，以下にみるように，中央銀行は金融政策をとおしてハイパワードマネーをコントロールしている。

7 中央銀行と金融政策

（1）中央銀行の役割と金融政策

　第5節でも述べたように，わが国の中央銀行は日本銀行（正式には，「にっぽんぎんこう」と読む）であるが，その組織や業務内容を規定している「日本銀行法」（1997年6月改正，1998年4月施行）によれば，「日本銀行の使命は，物価の安定を図ることを通じて国民経済の健全な発展に資することと，決済システムの円滑かつ安定的な運行を確保し，金融システムの安定に資すること」となっている。この使命を遂行するうえで，日本銀行は発券銀行，政府の銀行，銀行の銀行という3つの役割を果たしている。すなわち，発券銀行として日本銀行券を独占的に発行し，政府の銀行として国庫金の出納・管理を行い，資金取引を円滑に進めるために，銀行の銀行として，市中の金融機関に資金を融通したり，預金（日本銀行当座預金）を預かったりしている。そして，これらの役割・機能を背景として，金融政策を立案し運営する責任を負っている。

　金融政策（monetary policy）は中央銀行が広い意味での金融市場を通じて行う総需要管理政策であり，その主要な目的（最終目標）は物価の安定とともに，景気を安定化させ，あるいは失業を減らし完全雇用を実現することである。金融政策の立案や決定は，日本銀行の最高意思決定機関である政策委員会の金融政策決定会合で行われる。金融政策の運営に関しては，「日本銀行法」によって日本銀行の自主性（独立性）がうたわれている。

　日本銀行が行う金融政策の具体的手段としては，次の3つがあげられている。

① 公定歩合操作：市中銀行への貸出利子率である公定歩合を上下させて，資金供給に影響を与えること。

② 公開市場操作（オペレーション）：金融機関と国債などを売買することで，資金の状況に影響を与えること。たとえば，日本銀行が国債を買う

（買いオペ）と，資金が供給され，逆に国債を売る（売りオペ）と，資金は吸収されることになる。

③ 預金準備率操作：「準備預金制度」で決められた法定準備率を上下させて，マネーストックを調節すること。

しかし，現在では，公定歩合操作は金融政策手段としては使われなくなっており，その名称も基準貸付利率と変更されている。また，預金準備率操作も，法定準備率が長きにわたって変更されておらず，事実上金融政策としては実施されていない。したがって，日本銀行が採用している政策手段は公開市場操作である。

（2）最近の金融政策運営と日本銀行の自主性（独立性）

日本経済は，1990年にそれまで急上昇を続けていた株価や地価の暴落（バブル崩壊）が起こり，その後デフレをともなう長い不況（デフレ不況）に陥った。日本銀行は，デフレ不況脱出のために，公定歩合を引き下げるなどの景気刺激政策をとった。さらに1999年2月には，金融政策の目標金利であるコールレート・オーバーナイト物を実質的にゼロ％にするという，歴史的にも例をみない「ゼロ金利政策」を採用した。ここでコールレート・オーバーナイト物とは，金融機関同士での超短期（1日）の（「コール」とよばれる）資金貸借取引の金利をさす。そして，同年4月には，「デフレの懸念が払拭される」まで，ゼロ金利政策を継続することを公表した。日本銀行はこのゼロ金利政策を，政府の反対があったが，2000年8月に解除した。

2001年3月，日本銀行は，従来の金利水準ではなく，「日本銀行当座預金残高」を目標とする新しい金融政策を採用し，これを「消費者物価指数の前年比上昇率が安定的にゼロ％以上になる」まで継続することを公表した。この金融政策は，金利を目標とする従来の政策ではなく，日本銀行当座預金残高（すなわち，マネタリーベース）という量的指標を目標とした政策という意味で，「量的緩和政策」とよばれた。

2005年に入って日本経済の景気もようやく上向きになり，日本銀行は（生鮮食料品を除く）消費者物価指数がプラスに転じるとの見通しを示したうえで，2006年春にも量的緩和政策の解除を示唆する発言を行うようになった。これ

に対して政府は，消費者物価指数ではなく，GDPデフレーターでみると下落傾向は続いており，さらにまたせっかくの景気回復の腰を折りかねないとして，量的緩和政策を堅持するよう，日本銀行をけん制した。こうした政府の反対はあったが，日本銀行は2006年3月9日の金融政策決定会合で，量的緩和政策の解除を決定し，即日実施した。

　民主主義政治の下では，政府は選挙による支持を得るために景気刺激政策を採用しがちであることが指摘されている。過度の景気刺激政策はインフレーションを引き起こしやすく，「通貨，物価の番人」である中央銀行としては，政府の要請に安易にしたがうべきでない場合があり，そのためにこそ改正日銀法第3条「日本銀行の通貨及び金融の調節における自主性は，尊重されなければならない」という日銀の自主性の尊重が明記されたと考えられる。しかし一方で，選挙によって国民の意思を体現していると考えられる政府・与党の経済運営に関する意向を日本銀行がまったく無視できるわけではないこともまた事実であろう。同4条では，「日本銀行は，その行う通貨及び金融の調節が経済政策の一環をなすものであることを踏まえ，それが政府の経済政策の基本方針と整合的なものとなるよう，常に政府と連絡を密にし，十分な意思疎通を図らなければならない」と述べられている。

　2013年1月，日本銀行は，安倍政権との政策連携を強化して，「デフレ脱却と経済成長の実現」に向けた異例の共同声明を発表し，そのなかで，「物価安定の目標を消費者物価の前年比上昇率で2％とする」というインフレターゲット政策をとることを決定した。その実現に向けて，同年4月には，黒田東彦新日銀総裁の下，安倍政権の掲げる経済政策「アベノミクス」の第1の矢として，「量的・質的金融緩和政策」とよばれる，異次元の超緩和政策の実施を決定した。その主要な内容は，2％の物価目標を早期（2年程度の期間まで）に実現するため，マネタリーベースを，長期国債の買い入れ拡大も含めて，年間60～70兆円増加させ，2014年末には270兆円に達するよう金融調節を行い，さらに2％という物価安定の目標が安定的に持続するまで，金融緩和を継続するというものである。

Problems

1. 財政の3つの機能・役割について説明しなさい。国と地方は財政の役割をどのように分担すべきかを説明しなさい。
2. 租税負担率，国民負担率，潜在的な国民負担率の関係を明らかにしなさい。
3. 財政赤字にはさまざまな問題が伴う。以下の点について説明しなさい。
   (1) 財政運営の硬直化と財政破綻
   (2) 政府債務とマクロ経済への影響
4. 日本銀行のホームページからマネーストックのデータを探して，2003年4月以降のM3（平均残高）の構成比（現金通貨C，預金通貨Dおよび準通貨TD）を調べなさい。どんな特徴がみられるだろうか。
5. 第5節（4）銀行の信用創造で示したように，預金通貨の増加は，最初の準備預金の増加分の預金準備率の逆数（$1/\beta$）倍となることを説明しなさい（ヒント：無限等比級数の公式を使うこと）。
6. 中央銀行が金融引き締め政策（たとえば売りオペ）を行うと，金利はどうなるか，需給図を使って考えなさい。

Chapter 9

国際ビジネスの経済学

　私たちの身のまわりには外国の生産物が満ち溢れ，貿易の恩恵に浴しながら日常生活が営まれている。また，生産要素（労働や資本）の国際間移動が活発化している。ここでは，財の国際間取引である貿易，企業の海外展開である直接投資，為替レートの決定・変動，貿易や為替レートを考慮したもとでのGDPの決定・変動を考察の対象とし，国際ビジネスを経済学的な側面から解説する。

　まず第1節では，なぜ貿易が行われるのか，また，貿易を行うことで貿易参加国にはどのような利益が発生するのかを説明する。第2節では，経済厚生という観点から自由貿易下と保護貿易下における利益の比較を行うとともに，今日進展している地域経済統合を考えるうえでの論点を提供する。第3節では，直接投資（資本移動）が投資国と被投資国にどのような影響を与えるのかを考える。第4節では，国際取引との関係から，為替レートはどのように決定され，どのように変動するかを解説する。加えて，内外の利子率や物価と為替レートとの関係も取り上げる。第5節では，貿易を取り入れた開放経済においてGDPはどのように決定され，また変動するか，そして，為替レートの変化は経常収支とGDPにどのような影響を与えるかを検討する。

●Key Words●
比較優位，交換の利益，国際分業，特化の利益，自由貿易，保護貿易，
自由貿易地域，貿易創造効果，貿易転換効果，資本移動，資本の限界生産物，
国際収支，経常収支，金融収支，為替レート，外国為替の需要曲線・供給曲線，
変動為替レート制，金利平価，購買力平価，均衡GDP，外国貿易乗数，
Jカーブ効果，近隣窮乏化

1 貿易と資源配分

（1）比較優位

まず，いかなる理由で貿易が行われるのかを考える。貿易の発生要因は，D. リカードによって明らかにされ，「比較生産費説」（theory of comparative cost）とよばれている。各国は，他国と比較して相対的に安く生産される財を輸出し，反対に，相対的に高く生産される財を輸入することによって貿易からの利益を享受し得るという考え方である。

表9－1をみよう。いま，日本とアメリカがX財とY財の2財の生産を行っていると仮定する。日本ではX財1単位が1000円，Y財1単位が2000円で，アメリカではX財1単位が20ドル，Y財1単位が10ドルでそれぞれ生産・販売されている。比較生産費説によれば，生産費または価格が異なる通貨で表示される場合においても，2国間における貿易の方向が決まることになる。

表9－1にもとづき，日本国内においてX財とY財がどのような比率で交換されるかを考える。X財価格（1000円）とY財価格（2000円）の関係から，X財1単位はY財0.5単位（1000／2000）と交換され，反対に，Y財1単位はX財2単位（2000／1000）と交換されることがわかる。これらは「交換比率」または「相対価格」に相当する。他方，アメリカでは，X財価格（20ドル）とY財価格（10ドル）の関係から，X財1単位はY財2単位（20／10）と交換され，逆に，Y財1単位はX財0.5単位（10／20）と交換される。両国における交換比率を比較すれば，Y財ではかったX財の価格は日本のほうが安く，X財ではかったY財の価格はアメリカのほうが安いことがわかる。

表9－1　両国における2財の国内価格

	日本（円）	アメリカ（ドル）
X財1単位の価格	1000	20
Y財1単位の価格	2000	10

このため，両国間の財の取引において関税や輸送費がないとすれば，日本はX財を輸出してY財を輸入することから，アメリカはY財を輸出してX財を輸入することから利益を得る。日本国内ではX財1単位は0.5単位のY財としか交換されないが，アメリカに輸出することができれば2単位のY財と交換され，1.5単位余分に獲得することができる。同様に，アメリカ国内ではY財1単位は0.5単位のX財としか交換されないが，日本に輸出することができれば2単位のX財と交換され，1.5単位余分に入手可能である。それゆえ，日本はX財を，アメリカはY財を互いに輸出しようとする。このように，各国は，他国と比較してより安く生産される財を輸出することによって利益を獲得することができる。

このケースでは，日本はX財に比較優位（comparative advantage）をもち，Y財は比較劣位（comparative disadvantage）にあるという。アメリカは，Y財に比較優位をもち，X財は比較劣位にある。比較優位とは他国と比較して割安であることを，比較劣位とは他国と比べて割高であることを意味する。つまり，各国は比較優位をもつ財を輸出し，比較劣位にある財を輸入することから利益を得る。

2国間で通貨の表示が異なっていたとしても，それぞれの国内における交換比率（相対価格）に格差がある場合，相互に交換を行うことによって利益が得られる。貿易の発生要因は交換の利益の存在に求めることができる。

（2）生産特化と資源配分

表9－1から，日本ではX財の価格が，アメリカではY財の価格が相対的に安いことがわかる。これは，日本では，アメリカと比較してX財部門の生産性が相対的に高く，反対に，アメリカでは，日本と比べてY財部門における生産性が相対的に高いことを意味する。すなわち，他国と比べて相対的に生産性が高い財ほど，相対的に安価になり，比較優位をもつといえる。なお，生産性を左右する要因として，労働および資本の量と質，技術水準，天然資源，土地，気候などがあげられる。

各国は，比較優位にある割安な財を互いに輸出することから利益を得るが，貿易が開始されると，貿易参加国はより多くの利益を得ようとする。したがっ

て，日本はより多くのX財を輸出し，アメリカはより多くのY財を輸出しようと考える。日本では，安価なY財の輸入とともにY財の相対価格が下落し，比較劣位にあるY財の生産が縮小する。このとき，比較優位にあるX財の相対価格は上昇することになり，X財の生産が拡大する。他方，アメリカでは，比較劣位にあるX財の生産が縮小し，比較優位にあるY財の生産が拡大する。このように，貿易の開始とともに，生産要素が産業間を移動し，産業構造の転換が生じることになる。これを「産業調整」とよぶ。

貿易参加国では，産業調整の結果，生産要素が比較優位にある財の生産に集中し，生産特化（specialization）という現象が生じる。生産特化により，貿易参加国はそれぞれ，比較優位にある財の生産を受けもつ。このような国際的な生産の分担を国際分業（international division of labor）といい，貿易は国際分業のうえに成立する。一般化すれば，貿易利益を得るためには，各国では，比較劣位にある部門（輸入競争財）から比較優位をもつ部門（輸出財）に生産要素が移動して生産特化が進み，国際分業が成立することが前提となる。

表9－1にもとづき，生産特化に伴う変化を考えてみる。貿易開始前には，日本では，1000円の費用をかけてX財1単位，2000円の費用をかけてY財1単位を生産している。アメリカでは，20ドルの費用をかけてX財1単位，10ドルの費用をかけてY財1単位を生産している。両国の生産状況から，世界全体でX財は2単位，Y財も2単位だけ生産されている。

貿易が開始され，日本はX財のみを，アメリカはY財のみを生産するという「完全特化」の現象がみられるとしよう。日本では全費用の3000円を投入してX財の生産が，アメリカでは全費用の30ドルを投入してY財の生産が行われる。このとき，日本では3単位のX財が生産される。なぜならば，X財1単位あたりの生産費用は1000円であり，3000円の投入に対しては3単位の生産が実現するからである。同様に，アメリカでは3単位のY財が生産される。この結果，貿易開始前よりも世界全体のX財とY財の生産量は拡大する。貿易開始前には，世界全体でX財とY財はともに2単位ずつ生産されていたが，貿易開始に伴う各国の生産特化により，X財の生産量は3単位に，Y財の生産量も3単位に増加する。

生産特化が進むほど資源が効率的に配分され，生産量が増加する。つまり，

貿易は経済を効率化させる効果を発揮する。これを特化の利益という。世界全体では生産量が拡大するが，生産量の増加分が貿易参加国の間でどのように分配されるかは，国際的な交換比率（「交易条件」という）によって決まる。交易条件が貿易相手国の国内交換比率に近いほど，自国の利益が大きくなるが，それが自国の国内交換比率に近ければ自国の利益は小さくなる。

貿易に伴う利益は，交換の利益と特化の利益から構成される。貿易の利益は，関税や非関税障壁など，貿易に対する障害が存在しない自由貿易下において最大になる。自由貿易のもとで，資源は最も効率的に配分され，世界全体の生産量が最大化するからである。

貿易と経済厚生

（1）自由貿易

はじめに，部分均衡分析にもとづき，自国の輸入競争財市場に焦点をあてて自由貿易の利益を検討する。図9－1では，ある財（たとえば農産物）に関する自国の需要曲線がDD'，供給曲線がSS'として示されている。国際間の貿易取引が行われず，自国が閉鎖経済のもとに置かれているとき，国内の需要は国

図9－1　貿易と経済厚生

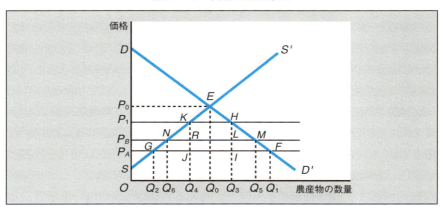

Column

貿易と生産要素価格

　土地を集約的に生産に投入する農産物の輸入は地価の下落を招き，実質的に土地が輸入されたことと同等の効果を発揮する。外国から安価な農産物が輸入されると，コスト面で割高な国内の農家は離農を迫られる。すると，農家が所有する土地が放出され，土地の供給が増加して地価が下落する。

　このように，貿易は生産要素の価格に影響を与えることになる。ある財の輸出（輸入）が増加すれば，その財の生産は拡大（縮小）する。このとき，その生産に集約的に投入される生産要素の需要が増加（減少）し，結果として生産要素の価格が上昇（下落）する。これは「ヘクシャー＝オリーン定理」として知られ，貿易拡大の結果，生産要素の価格は国際間において均等化するという命題が導出される。

内の供給によってすべてがまかなわれる。このため，農産物の需要と供給は，DD'とSS'が交わるE点で一致し，国内価格はP_0，取引量はQ_0に決定される。この場合，消費者余剰は三角形DEP_0，生産者余剰は三角形SEP_0であり，閉鎖経済下における経済余剰の合計は三角形DESになる。

　自国が農産物の市場を開放し，外国（Ａ国とＢ国）との間で貿易が行われるとしよう。国際市場において，Ａ国はP_A，Ｂ国はP_Bの価格で農産物を供給している。外国は自国より安い価格で農産物を供給し，自国は自給自足から輸入への転換を迫られる。ただし，Ａ国の価格P_AはＢ国の価格P_Bより安いため，自国はＡ国からのみ輸入を行い，Ｂ国からの輸入は生じない。自国では，国内価格P_0より安い国際価格P_Aの財が流入し，国内の生産者と消費者はともにP_Aの価格のもとで生産または消費を行う。

　価格の下落により，自国の消費者は需要量をQ_0からQ_1に増加させる。他方，生産者は生産の縮小を迫られ，供給量をQ_0からQ_2へと減少させる。この結果，国内では，(Q_1-Q_2)に等しい超過需要が発生する。しかし，市場を開放した場合，超過需要分(Q_1-Q_2)は輸入によってまかなわれる。また，貿易の開始とともに，消費者余剰は三角形DEP_0から三角形DFP_Aへと拡大し，生産者

余剰は三角形 SEP_0 から三角形 SGP_A へと減少する。ここで，消費者余剰の増加分は生産者余剰の減少分より大きく，自国の経済余剰は三角形 EFG だけ増加する。これが輸入競争財市場における自由貿易の利益に相当する。

(2) 保護貿易

輸入競争財の市場開放により，消費者の利益は多数の人びとに還元されるが，生産者の不利益は少数かつ特定の人びとに集中する。生産量の変化は産業調整の結果であり，産業調整の進展とともに所得分配の変化も生じる。たとえば，農産物部門では，貿易の自由化とともに雇用量の減少や生産要素の報酬の減少が生じる。このため，不利益を被った生産者から，政府に対して保護貿易政策の発動が要求される。

そこで，国内産業の保護を目的として輸入に対して関税を課す場合を考える。自国が輸入農産物1単位あたり T 円の輸入関税を賦課したとしよう。A国からの輸入については，国内価格が (P_A+T) に上昇し，B国からの輸入についても，国内価格が (P_B+T) に上昇する。A国とB国の価格差 $(P_A+T<P_B+T)$ から，依然としてA国から輸入が行われる。

輸入関税の賦課により，国内の生産者と消費者は $P_1(=P_A+T)$ の価格のもとで生産または消費を行うことになる。価格の上昇により，農産物への需要量は Q_1 から Q_3 に減少し，供給量は Q_2 から Q_4 に増加する。それゆえ，輸入量は (Q_1-Q_2) から (Q_3-Q_4) に減少する。輸入関税は，国内生産の拡大をもたらし，国内産業の保護を実現する。しかし，自由貿易と比較して経済余剰は減少する。消費者余剰は，自由貿易下では三角形 DFP_A であるが，輸入関税下では三角形 DHP_1 になり，四辺形 P_1HFP_A だけ減少する。生産者余剰は，自由貿易下の三角形 SGP_A から三角形 SKP_1 に拡大し，四辺形 P_AGKP_1 だけ増加する。また，政府は，輸入関税の賦課により，関税収入 $T\times(Q_3-Q_4)$ を獲得する。それは四辺形 $HIJK$ に等しい。いずれ関税収入が政府支出という形で民間に還元されるとすれば，この部分は余剰とみなされる。

結果として，消費者余剰の減少分である四辺形 P_1HFP_A から，生産者余剰の増加分である四辺形 P_AGKP_1 と関税収入に相当する四辺形 $HIJK$ を差し引くと，三角形 FHI と三角形 GJK が余剰の純減少分になる。このうち，三角形 FHI は価

格の上昇に伴う消費者余剰の純減少にあたり，三角形GJKは輸入競争財の生産拡大に伴う生産の非効率化を示している。保護貿易は特定の国内生産者を保護する効果を発揮するが，自由貿易と比較して経済余剰を減少させるという副作用を伴う。

(3) 自由貿易地域

B. バラッサは，地域経済統合を段階別に5つに分類している。第1に，自由貿易地域である。ここでは，域内において協定国は互いに自由貿易を推進し，域外に対しては各国が独自の貿易政策を発動する。第2に，関税同盟である。ここでは，域内における自由貿易の推進と域外に対する共通の貿易政策の発動をめざしている。第3に，共同市場である。これは，関税同盟を基盤として，域内における生産要素移動の自由化を加えたものである。第4に，経済同盟であり，共同市場を基盤として経済政策の調整を図ることを目的としている。第5に，完全な経済統合であり，超国家機関の創設をめざしたものである。

ここでは，図9－1にもとづき，J. ヴァイナーが提唱した自由貿易地域の理論を取り上げて検討する。自国が輸入関税を課した場合，A国とB国の価格差にもとづき農産物はA国から輸入され，そのときの国内価格はP_1である。いま，地理的な要因や歴史的な背景から，自国がB国との間で自由貿易地域を創設したとしよう。域内では自由貿易が推進され，自国がB国からの輸入に賦課している関税はゼロになる。しかし，域外に対しては各国が独自の貿易政策を発動し，A国には依然としてT円の輸入関税が課せられる。したがって，A国からの輸入について関税込みの価格はP_1のままであるが，B国からの輸入価格はP_Bに下落する。ここから$P_1 > P_B$という関係が成り立ち，輸入先はA国からB国に変更される。

自由貿易地域の形成に伴い，国内の消費者と生産者はP_Bの価格のもとで行動し，需要量はQ_3からQ_5に増加し，供給量はQ_4からQ_6に減少する。消費者余剰は三角形DHP_1から三角形DMP_Bに変化し，四辺形P_1HMP_Bだけ増加する。生産者余剰は三角形SKP_1から三角形SNP_Bに縮小し，四辺形P_BNKP_1だけ減少する。自由貿易地域下の経済余剰は，三角形DMP_Bと三角形SNP_Bの合計に等しく，関税賦課時に比べて，三角形HLMと三角形KNRの余剰が回復する。

これらの余剰の回復分を貿易創造効果とよぶ。

　他方，輸入関税下の経済余剰は，三角形DHP_1，三角形SKP_1，四辺形$HIJK$の合計に等しいから，自由貿易地域の創設により，四辺形$IJRL$に相当する余剰が失われる。この余剰の損失分を貿易転換効果とよぶ。結局，貿易創造効果（三角形HLMと三角形KNRの合計）が貿易転換効果（四辺形$IJRL$）より大きければ，自由貿易地域を形成するメリットが発生する。これがヴァイナーによる自由貿易地域の理論の骨格である。

　ところで，今日の地域経済統合には，貿易の自由化のみならず，労働や資本など生産要素の域内自由移動の推進，規制緩和や法整備などの国内措置の調和を含んでいる。この結果，貿易創造効果や貿易転換効果のような静態的な効果に加えて，域内における市場規模の拡大など，動態的な効果を議論することが必要である。地域経済統合は，市場規模の拡大を通じて規模の経済を実現し，費用の逓減を生じさせること，また，各国の国内市場に競争圧力を加え，生産性の上昇をもたらすことが指摘されている。生産要素の価格に格差が生じれば，生産要素は価格差に応じて移動し，域内における資源配分の効率化と同時に，各国の生産構造の変化を引き起こす。生産要素移動の自由化は，資本や人的資本が蓄積されることに伴う生産技術や知識の向上・普及を通じて，生産性の上昇や経済成長を促す。

　WTOが指向する多国間の枠組みの中で自由貿易が推進される場合，自国では，三角形FHIと三角形GJKの合計に等しい貿易創造効果のみが発生する。これは，多角的な自由貿易が推進される場合に経済余剰が最大になることを示している。WTOでは，すべての財・サービスを対象として域内における貿易自由化を実施すること，また，域外に対して貿易障壁を引き上げないことを条件に地域経済統合との整合性を図っている。地域経済統合に伴う貿易自由化にはWTOを補完する役割を果たす部分がある。なお，日本では，自由貿易地域を交渉・創設するにあたり，農業分野の市場開放など解決すべき問題が多い。

3 資本移動

　企業の海外展開である直接投資は，資本移動を含む経営資源の移転と定義される。資本移動の分析は，企業の直接投資の効果をとらえるうえで有益である。資本移動に伴い，国際間で所得の移転が発生する。このため，ここでは国民所得（GNI）の概念を用いる。

　国際間の資本移動がいかなる効果をもつかを考える。いま，2国（Ⅰ国とⅡ国）が同じ財を生産していると仮定し，生産関数が次の式で示されるとする。

$$Q = f(K)$$

ここで K は資本投入量，Q は財の生産量であり，資本投入の増加は生産を拡大させる関係にある。資本投入量を追加的に1単位増加させた場合の生産量の増加分 $\Delta Q/\Delta K$ を資本の限界生産物（marginal product of capital）という。資本投入が増加するにつれて，資本の限界生産物は徐々に低下する。これは，資本以外の生産要素（労働）の投入を一定とすれば，資本投入が増えるほど労働投入が不足気味になり，生産効率を低下させるからである。

　まず，生産要素の最適投入を考える。それは，生産要素の限界生産物価値（生産物価格と限界生産物をかけた値）と生産要素価格が一致するところで実現する。前者は，生産要素を追加的に1単位増やしたときの収入の増加分にあたる。後者は，生産要素を追加的に1単位増やしたときの費用の増加分に等しい。限界生産物価値が要素価格を上回れば，生産要素投入を増やすことで利潤が拡大する。反対に，限界生産物価値が要素価格を下回れば，生産要素投入を減らすことで利潤が増加する。

　財の価格を一定とし，単純化のために1とすれば，限界生産物価値と限界生産物は同じになり，企業は，資本の限界生産物 MPK と資本報酬率 r が一致するところで資本投入量を決定する。図9－2は，Ⅰ国の限界生産物曲線 $MPK_Ⅰ$ とⅡ国の限界生産物曲線 $MPK_Ⅱ$ を描いている。生産要素の最適投入の条件から，資本の限界生産物曲線は企業の資本需要曲線にほかならない。Ⅰ国が保有する資本量は $O_ⅠC$，Ⅱ国のそれは $O_ⅡC$，世界の資本総量は $O_ⅠO_Ⅱ$ である。閉鎖経

図 9 − 2　資本移動

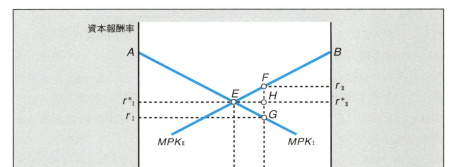

済のもとでは，Ⅰ国の資本報酬率は $r_Ⅰ$，Ⅱ国のそれは $r_Ⅱ$ であり，資本保有量が多いⅠ国において資本報酬率が低くなっている。また，Ⅰ国の総生産は四辺形 $O_ⅠAGC$ で示され，四辺形 $O_Ⅰr_ⅠGC$ が資本所有者の所得，三角形 $AGr_Ⅰ$ が労働者の所得として分配される。Ⅱ国の総生産は四辺形 $O_ⅡBFC$ であり，資本所有者の所得は四辺形 $O_Ⅱr_ⅡFC$，労働者のそれは三角形 $BFr_Ⅱ$ である。

　両国が資本市場を開放したとする。資本報酬率の格差に応じてⅠ国からⅡ国に資本移動が生じる。資本移動の大きさは CD である。この結果，両国の資本報酬率が均等化し，$r^*_Ⅰ = r^*_Ⅱ$ が成立する。Ⅰ国では，資本流出によって国内生産が四辺形 $O_ⅠAED$ に減少するが，Ⅱ国から四辺形 $CDEH$ に等しい資本の報酬所得を得る。国民所得は資本移動前の総生産に三角形 EGH を加えたものに等しく，資本所有者の所得は四辺形 $O_Ⅰr^*_ⅠHC$ に増加し，労働者の所得は三角形 $AEr^*_Ⅰ$ に減少する。投資国では，資本所有者に有利な所得分配になる。Ⅱ国では，資本流入により国内生産が四辺形 $O_ⅡBED$ に拡大する。このうち四辺形 $CDEH$ はⅠ国に対する資本報酬の支払いにあたり，国民所得は資本移動前に比べて三角形 EFH だけ増加する。資本所有者の所得は四辺形 $O_Ⅱr^*_ⅡHC$ に減少し，労働者の所得は三角形 $BEr^*_Ⅱ$ に増加する。被投資国では労働者に有利な所得分配となる。

　資本移動に伴い，世界全体で三角形 EFG の生産・所得が拡大し，資源配分

は効率化する。Ⅰ国を先進国，Ⅱ国を発展途上国と置き換えることができるが，所得分配の観点からみれば，Ⅰ国の労働者やⅡ国の資本所有者から資本移動の自由化に反対の声があがるであろう。ただし，長期的には，技術水準の向上，人的資本の蓄積により，両国の労働者，資本所有者ともに所得拡大の恩恵に浴すると考えられる。とくに，直接投資（資本移動）は被投資国の雇用創出や技術水準の向上に貢献する。他方，直接投資によって投資国では産業の空洞化への懸念が指摘される。短期的には雇用の減少が起きるが，長期的には産業構造の高度化が生じると考えられる。

4 国際取引と為替レート

(1) 国際収支

国際収支（balance of payments）は，ある国の居住者とそれ以外の諸国の居住者との間で，一定期間にわたって行われた経済取引のすべてを記録したものである。一国の対外経済取引は国際収支表にまとめられる。表9-2は日本の国際収支を示している。国際収支は，経常収支，資本移転等収支，金融収支に大別される。

経常収支は，財・サービスの対外取引や所得の移転を表し，貿易・サービス収支，第一次所得収支，第二次所得収支から構成される。①貿易・サービス収支は，有形財の輸出入を記録した貿易収支と，無形財の取引を記録したサービス収支を加えたものである。②第一次所得収支は，雇用者報酬や投資収益を記録したものである。③第二次所得収支は，無償資金協力や食料・医療の無償援助などを計上している。

資本移転等収支では，資本形成のための無償援助などを計上している。

金融収支は，自国が外国に保有する対外資産と，外国が自国に保有する資産（自国からみれば負債）に関する取引を記録したものであり，直接投資，証券投資，金融派生商品，外貨準備（政府・中央銀行など公的部門の外貨資産の増減）などが計上される。

国際収支統計は複式簿記の概念で作成されるため，理論上，

表9−2　日本の国際収支

(単位：億円)

	2009年	2010年	2011年	2012年	2013年
経常収支	135,925	190,903	101,333	46,835	32,343
貿易・サービス収支	21,249	65,646	−33,781	−83,041	−122,521
貿易収支	53,876	95,160	−3,302	−42,719	−87,734
輸出	511,216	643,914	629,653	619,568	678,290
輸入	457,340	548,754	632,955	662,287	766,024
サービス収支	−32,627	−29,513	−30,479	−40,322	−34,786
第一次所得収支	126,312	136,173	146,210	141,322	164,755
第二次所得収支	−11,635	−10,917	−11,096	−11,445	−9,892
資本移転等収支	−4,653	−4,341	282	−804	−7,436
金融収支	161,859	222,578	132,284	49,158	−16,310
直接投資	57,294	62,511	93,101	94,999	130,237
証券投資	205,053	132,493	−129,255	32,215	−254,838
金融派生商品	−9,487	−10,262	−13,470	5,903	55,516
その他投資	−116,266	−89	44,010	−53,445	14,271
外貨準備	25,265	37,925	137,897	−30,515	38,504
誤差脱漏	30,587	36,017	30,669	3,126	−41,217

出所：財務省『国際収支状況』

　　経常収支 ＋ 資本移転等収支 − 金融収支 ＝ 0

という恒等関係が成り立つ。経常収支が黒字（赤字）の場合，対外純資産の増加（減少）が生じる。ここで，資本移転等収支を微小とすれば，経常収支が黒字の場合，資産の純増が負債の純増よりも大きく，金融収支も黒字になる。反対に経常収支が赤字であれば，資産の純増が負債の純増より小さく，金融収支も赤字になる。たとえば，経常収支の黒字国では，国内生産（GDP）が国内支出（消費支出，投資支出，政府支出の合計）を上回り，かつ民間の貯蓄・投資のバランス（貯蓄と投資支出の差）と財政収支（税収と政府支出の差）を加えた値がプラスになる。このとき，国内では資金の余剰が発生し，それが対外純資産の増加という形で表れ，理論上，金融収支の黒字に等しくなる。ただし，記録の不正確さや為替換算時の不整合が発生するために，「誤差脱漏」を設けて最終的な調整を行う。

国際収支は，受取と支払が一致する状況を「均衡」，受取超過の状況を「黒字」，支払超過の状況を「赤字」という。全体の国際収支はゼロになるが，項目別にみれば，黒字または赤字が発生する。とくに，国際間では経常収支が議論の対象になり，その理由として，経常収支が国内生産と密接に関係していることがあげられる。

（2）外国為替市場と為替レート

対外経済取引に伴う代金の決済にあたって，外国為替市場では自国通貨と外国通貨の交換が行われる。その交換比率が為替レート（exchange rate）である。為替レートの表示方法には，「自国通貨建て」と「外国通貨建て」の2とおりがある。前者は，外国通貨1単位が自国通貨何単位と交換されるかを示す。たとえば，1ドル＝100円という表示方法である。後者は，自国通貨1単位が外国通貨何単位と交換されるかを表す。たとえば，1円＝1／100ドルという表示方法である。日本では，自国通貨建ての表示方法を採用している。

ここで，1ドル＝100円から1ドル＝80円に変化した場合を「円高・ドル安」という。このとき，ドルに対する円の価値は相対的に高まる。円の相対的な価値の上昇により，日本の財のドル表示価格は上昇し，外国（アメリカ）の財の円表示価格は下落する。たとえば，表9－1において，日本の輸出財であるＸ財のドル表示価格は，1ドル＝100円の場合には10ドル（1000／100），1ドル＝80円の場合には12.5ドル（1000／80）であるから，ドル表示価格の上昇がみてとれる。他方，アメリカの輸出財であるＹ財の円表示価格は，円高・ドル安に応じて1000円（10×100）から800円（10×80）に下落する。反対に，1ドル＝80円から1ドル＝100円に変化した場合を「円安・ドル高」といい，ドルに対する円の価値が相対的に低下することを表す。

対外経済取引と外国為替（ドル）の需要・供給の関係を考えてみよう。日本企業による輸入，日本人投資家によるアメリカの証券の購入など，日本からアメリカへの支払いが発生すると，ドルが需要される。これらの取引では，円からドルへの交換が行われる。換言すれば，円を供給してドルを需要することになる。他方，日本企業による輸出，外国人投資家による日本の証券の購入など，日本側の受け取りが発生すると，ドルが供給される。この場合，ドルから円へ

の交換がみられ，ドルを供給して円を需要することになる。

上述のように，円高・ドル安は，アメリカの財の円表示価格を下落させ，輸入の増加を引き起こす。また，他の条件を一定とすれば，アメリカの証券の円建て価格が下落し，日本人投資家による証券購入が増加する。この結果，円高・ドル安が進むほど，ドルの需要と円の供給が増加する。図 9 － 3 において，為替レートとドルの需要との関係は，外国為替の需要曲線 DD として表される。なお，DDは「円の供給曲線」でもある。

他方で，円高・ドル安は，日本の財のドル建て価格を上昇させ，輸出を減少させる。また，日本の証券のドル建て価格も上昇し，外国人投資家による日本の証券の購入は減少する。結局，円高・ドル安は，ドルの供給と円の需要をともに減少させる。為替レートと外国為替の供給との関係は，外国為替の供給曲線 SS として示され，これは「円の需要曲線」でもある。

図 9 － 3 から為替レートの決定をみることができる。変動為替レート制（flexible exchange rates）のもとでは，為替の需要と供給を反映して為替レートが決まる。ここでは，外国為替の需要曲線 DD と外国為替の供給曲線 SS の交点 E において，ドルの需要と供給（円の需要と供給）が均衡し，そのときの為替レート e_0 が均衡為替レートになる。e_0 の為替レートのもとでは，外国への支払いと外国からの受け取りが一致し，国際収支は均衡する。

図 9 － 3　為替レートの決定

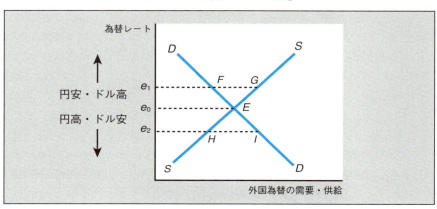

為替レートが均衡為替レートよりも円安・ドル高のe_1であれば，ドルの超過供給（円の超過需要）FGが発生し，国際収支は黒字になる。このとき，e_1からe_0に円高・ドル安が進むにつれてドルの超過供給と円の超過需要が是正される。反対に，均衡為替レートよりも円高・ドル安のe_2のもとでは，ドルの超過需要（円の超過供給）HIが生じ，国際収支は赤字になる。この場合，e_2からe_0に円安・ドル高が進むことで国際収支は均衡に向かう。

変動為替レート制下では，政府や中央銀行が介入することなく，為替レートの変動を通じて国際収支の均衡が実現する。理論上，外貨準備はゼロになるから，国際収支の均衡とは，経常収支から外貨準備を除く金融収支を差し引いた値がゼロになることをさす（資本移転等収支は微小とする）。

為替レートは，為替の需要や供給の変化に応じて変動する。たとえば，日本の利子率が低下すれば，日本人投資家によるアメリカの証券の購入が増加し，DDは右方にシフトして円安・ドル高が生じる。反対に，アメリカの利子率が低下した場合，外国人投資家による日本の証券の購入が拡大し，SSが右方にシフトする。この結果，為替レートは円高・ドル安に変化する。また，日本の物価の上昇は，輸出の減少（SSの左方シフト）と輸入の増加（DDの右方シフト）を引き起こし，円安・ドル高を生じさせる。

（3）金利裁定と為替レート

ここでは，国際的な資金の移動に焦点をあてて，短期における為替レートの決定を考察する。これは，国際間における金利裁定と為替レートとの関係を明らかにし，金利平価（interest rate parity）とよばれる考え方である。

いま，投資家が一定の資金を保有し，それを国内の金融資産の購入にあてるべきか，それとも外国に投資し，外国の金融資産の購入にあてるべきかという選択に迫られているとしよう。この選択にあたり，日本と外国（アメリカ）の利子率の格差が1つの指標となる。たとえば，日本の利子率が高ければ，日本の金融資産に投資することが有利であり，反対に，アメリカの利子率が高ければ，アメリカの金融資産に投資することが有利になる。

しかし，これは，為替レートが固定化されている場合や将来の為替レートの変動が完全に予想できるという場合に成り立つ関係である。つまり，為替レー

トの変動のリスクが生じない場合には，内外の利子率の格差から投資の方向が決定される。いま，日本とアメリカの利子率が同じであるとしよう。この場合，利子率の格差は生じず，それだけをみれば，日本の金融資産を購入しても，アメリカの金融資産を購入しても同じである。しかし，将来，為替レートが円安・ドル高の方向に進むことが予想されれば，たとえ，利子率が同じであったとしても，アメリカの金融資産を購入することが有利になる。

日本の投資家が一定の資金 X 円を保有し，国内の金融資産を購入する場合を考える。日本の利子率を r とすれば，一定期間後に元利合計で $(1+r)X$ 円が回収され，次の式から日本の金融資産の収益率は利子率 r に等しくなる。

$$\frac{(1+r)X - X}{X} = r$$

アメリカに投資する場合，まず資金をドルに交換する必要がある。自国通貨表示の為替レートを e とすれば，アメリカの金融資産の購入額は X/e ドルである。アメリカの利子率を r^* とすれば，一定期間後に元利合計で $(1+r^*)(X/e)$ ドルが回収される。当初の投資額 X 円との比較を行うために，これを円に変換することが必要であるが，将来の為替レートは確定できない。したがって，投資家は，将来の為替レートを予想したうえで投資の可否を決定する。予想為替レートを e^e とすれば，予想回収額は $e^e(1+r^*)(X/e)$ 円であり，アメリカの金融資産の収益率は，

$$\frac{(e^e/e)(1+r^*)X - X}{X} = r^* + \frac{e^e - e}{e} + r^*\frac{e^e - e}{e}$$

になる。$(e^e - e)/e$ は「為替レートの予想変動率」(E で表す）であり，r^*E を微小の値とすれば，上の式は，

$$r^* + E$$

と簡単化される。このように，国際的な資金移動の決定にあたっては，利子率のみならず，為替レートの予想変動率も考慮しなければならない。

日本の収益率 r とアメリカの収益率 $r^* + E$ を比べて，収益率が高い金融資

産が購入される。日本の利子率上昇（またはアメリカの利子率低下）によって $r > r^* + E$ の場合，自国の金融資産が購入され，ドルが売られて円が買われる。このため，現実の為替レートは円高・ドル安（e の低下）に変化し，E が上昇することで両国の収益率は一致する。日本の利子率低下（またはアメリカの利子率上昇）に伴って $r < r^* + E$ であれば，アメリカの金融資産が購入され，円が売られてドルが買われる。現実の為替レートは円安・ドル高（e の上昇）に変化し，E が低下することで両国の収益率は等しくなる。

為替レートの将来予想 e^e が円安・ドル高に修正され，為替レートの予想変動率 E が上昇して $r < r^* + E$ になれば，外国の金融資産が買われ，実際の為替レート e も円安・ドル高に変化する。いわゆる期待の自己実現が成り立つ。

以上のような投資行動により，日本とアメリカの収益率が一致し，

$$r = r^* + E$$

が成り立つところで資金の国際移動は停止する。金利裁定条件にあたる上記の式から利子率と為替レートとの関係が明らかになる。

（4）購買力平価

ここでは，物価と為替レートとの関係を取り上げる。これは，長期における為替レートの決定を説明し，購買力平価（purchasing power parity）とよばれる考え方である。理論的には，完全雇用を前提として貨幣変数のみが変化する「古典派」の世界を想定している。

購買力平価とは，内外通貨1単位あたりの購買力（通貨1単位でどれだけの財を購入することができるか）を等しくするように，為替レートの水準が決まるという考え方である。この考え方の背景として，国際的に財の「一物一価」が成立し，同質財の価格は1つになることがあげられる。

国際取引の対象となる財（「貿易財」という）が同質であり，当該財の円表示価格を P，ドル表示価格を P^* とすれば，自国通貨表示の為替レート e を介して，

$$P = eP^*$$

が成立する。これが購買力平価の基本形である。

また、すべての財について、国際的な一物一価が成り立てば、PとP^*は日本とアメリカの「一般物価水準」（個別の財の価格を合成したもの）とみなすことができる。アメリカの物価P^*を一定とすれば、日本の物価Pの上昇は円安・ドル高（eの上昇）を、反対に、日本の物価Pを一定とした場合、アメリカの物価P^*の上昇は円高・ドル安（eの低下）を招くことがわかる。

この点を表9-1から確認してみよう。1ドル=50円のとき、日本のX財とY財のドル建て価格はそれぞれ20ドルと40ドルである。したがって、1ドル=50円より円高・ドル安が進めば、X財とY財のドル建て価格は、アメリカのX財とY財の価格よりも高くなり、比較優位にもとづいた貿易は実現しない。反対に、1ドル=200円の場合、日本のX財とY財のドル建て価格はそれぞれ5ドルと10ドルである。このため、1ドル=200円より円安・ドル高であれば、両財のドル建て価格は、アメリカの両財の価格よりも安くなり、やはり比較優位にもとづく貿易は実現しない。すなわち、比較優位にもとづく貿易が実現するためには、為替レートが1ドル=50円から200円の範囲内に決まることが必要である。

ここで、日本の物価水準が2倍になり、X財の価格が2000円、Y財の価格が4000円に上昇したとしよう。物価が上昇しても国内の交換比率は一定であり、貿易の方向は変わらない。しかし、比較優位にもとづく貿易が実現するためには、為替レートの変動域が1ドル=100円から400円に変化しなければならない。つまり、物価が2倍になれば、為替レートも2倍になるといえる。これは購買力平価の考え方そのものである。

ところで、上記の式から、

　　為替レートeの変化率
　　　＝日本の物価Pの上昇率 － アメリカの物価P^*の上昇率

が導かれ、実際には、両国間におけるインフレ率の格差から為替レートの変動が決まる。また、この式を用いることで、購買力平価にもとづいた理論上の為替レートの水準が求められる。実際の測定にあたっては、いかなる物価指数を用いるかが問題になるが、一般的には「消費者物価指数」と「生産者物価指数」

図9-4　購買力平価と為替レート

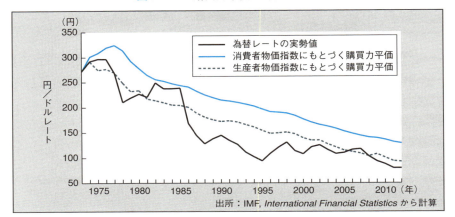

出所：IMF, *International Financial Statistics* から計算

（国内企業物価指数）が使用されている。前者は，国内のサービスや生鮮食品など貿易の対象にならない財（「非貿易財」）のウエイトが高く，後者は，工業製品など貿易の対象となる財（「貿易財」）が大半を占めている。

図9-4は，購買力平価と為替レートの実勢値を示し，1973年を基準年に定めている。理論上の為替レートと現実の為替レートとの間には乖離が生じているが，趨勢的にはほぼ連動していることが理解できる。また，現実の為替レートの動きは，両国間の貿易財価格の動きに近く，長期的には貿易の動向が為替レートの水準に大きな影響を及ぼすことが指摘できる。

5　貿易と景気変動

（1）貿易とGDP

ケインズの有効需要の原理にもとづき，開放経済におけるGDPの決定と変動を考える。短期を想定し，物価と賃金の硬直性，不完全雇用を仮定する。

総需要ADは，消費支出C，投資支出I，政府支出G，輸出Xの合計から輸入Mを控除したものと定義され，次の式で与えられる（以下では物価を1に規定し，名目値と実質値を区別しない）。

$$AD = C + I + G + X - M$$

消費関数は，

$$C = C_0 + c(Y - T)$$

であり，消費支出 C は，所得と無関係に決まる独立消費 C_0 と，所得 Y から税金 T を引いた可処分所得 $Y-T$ に依存する部分から構成される。可処分所得にかかる係数 c は限界消費性向にあたり，可処分所得が追加的に 1 単位増加したときに消費がどれだけ増えるかを表し，$c = \Delta C / \Delta (Y - T)$ である。限界消費性向は正であるが，1 より小さい値をとる。

投資支出 I は通常，利子率に依存する。利子率が低下（上昇）すれば，投資支出は増加（減少）するという関係が成り立つ。ただし，ここでは単純化し，利子率とは無関係に決まるとする。また，政府支出 G と租税収入 T は政府の政策決定によって決まる値である。

輸出 X は，円安・ドル高（e の上昇）や外国の所得拡大に応じて増加し，反対に，円高・ドル安（e の低下）や外国の所得縮小に伴って減少する。ただし，ここでも単純化のために，X は与えられた値とする。

輸入 M は次の輸入関数で与えられるとする。

$$M = M_0 + mY$$

ここで，m は限界輸入性向（marginal propensity to import）であり，自国所得 Y が追加的に 1 単位増加したときに輸入 M がどれだけ増えるか（$\Delta M / \Delta Y$）を表す。所得拡大は輸入を誘発するために $m > 0$ である。所得の拡大 ΔY は消費の増加 $c\Delta Y$ をもたらし，その一部が外国財の消費の増加 $m\Delta Y$ にあたる。このため，限界消費性向 c は限界輸入性向 m より大きい。M_0 は独立輸入であり，所得とは無関係に決まる輸入である。通常，円安・ドル高（円高・ドル安）に伴い，輸入の減少（増加）が生じる。しかし，ここでは為替レートの影響を無視している。

以上の諸変数を考慮すれば，総需要は，

$$AD = C_0 + c(Y - T) + I + G + X - M_0 - mY$$

であり，総供給（所得またはGDP）をYで示せば，生産物市場の均衡条件は，

$$Y = C_0 + c(Y - T) + I + G + X - M_0 - mY$$

となる。この式は総供給Y＝総需要ADの関係を表している。

　上記の関係から均衡GDPがどのように決まるかを説明する。図9－5の45度線図では，縦軸に総需要を，横軸に所得またはGDPをはかっている。45度線は総供給Y＝総需要ADを意味し，この線上では生産物市場の均衡が保証される。ここに総需要を描けば，傾きが$c-m$に等しく，縦軸切片が$C_0 - cT + I + G + X - M_0$となる直線が導かれる。総需要線$AD$の傾き$c-m$は正で1より小さいという性格上，45度線より緩やかな形状で描かれる。

　生産物市場は，総需要線と45度線の交点Eにおいて均衡し，そのときの所得Y_0が均衡GDPである。所得がY_0より大きい場合，生産物市場には超過供給が発生する。物価は一定であり，価格調整メカニズムが作用しないから，生産が縮小することで超過供給が解消される。反対に，所得がY_0より小さい場合，生産物市場には超過需要が発生し，生産が拡大することで超過需要が解消される。

図9－5　**GDPと経常収支の決定**

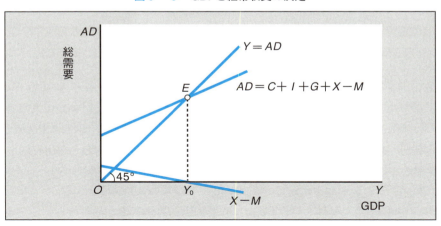

また，図9−5には，GDP（Y）と経常収支$X-M$との関係も書き入れてある。$X-M$線は，傾きが限界輸入性向mにマイナスを付したものに等しく，切片は$X-M_0$である。GDPの増加は輸入を誘発して経常収支を悪化させる。このため，$X-M$線は右下がりに描かれる。なお，均衡GDP（Y_0）のもとで経常収支はゼロである。

均衡GDPは総需要線の傾きや切片の位置に応じて変動する。限界消費性向cが上昇するほど，また，限界輸入性向mが低下するほど，総需要線は急な形状の直線に変わり，均衡GDPは大きくなる。

均衡GDPは縦軸切片にも依存する。独立消費C_0，独立投資I，政府支出Gの増加，減税によるTの減少は，総需要線ADの切片を上方に押し上げ，AD線の上方シフトを通じて均衡GDPを拡大させる。これらのケースでは，$X-M$線は一定であるから，所得の増加によって経常収支は悪化する。

輸出Xの増加，独立輸入M_0の減少もAD線を上方にシフトさせ，均衡GDPの拡大に寄与する。同時に，$X-M$線をAD線と同じ幅だけ上方にシフトさせる。このため，新たなGDPのもとで経常収支は改善する。

生産物市場の均衡条件から均衡GDPの決定式を求めると，

$$Y = \frac{1}{1-c+m}(C_0 - cT + I + G + X - M_0)$$

を得る。限界消費性向cが大きいほど，また，限界輸入性向mが小さいほど，所得は大きくなる。次に，独立消費C_0，独立投資I，政府支出G，輸出Xの増加，独立輸入M_0の減少は，$1/(1-c+m)$倍の所得拡大をもたらす。減税（Tの減少）は，その規模に$c/(1-c+m)$をかけた分の所得拡大を引き起こす。

外生変数の変化が所得をどれだけ変化させるかという関係は乗数（multiplier）とよばれる。貿易（輸出，輸入）にかかわる乗数は$1/(1-c+m)$にあたり，外国貿易乗数として知られている。

経常収支は$NX = X - M_0 - mY$であり，YにGDP決定式を代入すれば，

$$NX = -\frac{m}{1-c+m}(C_0 - cT + I + G) + \frac{1-c}{1-c+m}(X - M_0)$$

である。独立消費 C_0，独立投資 I，政府支出 G，減税（Tの減少）によって経常収支は悪化し，輸出 X の増加，独立輸入 M_0 の減少に応じて経常収支は改善する。

(2) 為替レートと経常収支，GDP

前節（2）で説明したように，為替レートが円安・ドル高に変化すれば，輸出の増加と輸入の減少が生じる。これは，経常収支が改善（黒字化）することを意味している。反対に，円高・ドル安が進めば，輸出の減少と輸入の増加が生じ，経常収支は悪化（赤字化）する。ただし，為替レートが円安に動くと，経常収支は一時的に悪化し，円高の方向に変化した場合にも，経常収支は一時的に改善する。これには，貿易取引の長期契約などによって，為替レートの変化に対して貿易量が即座に反応しないことが作用している。

円表示の輸出額 X は，

$$X = PQ_x$$

と示され，円表示の輸出価格 P を一定とすれば，円安は輸出量 Q_x を増加させる。このとき，輸出額 PQ_x も増加する。しかし，輸出量がまったく反応しない短期の状況では，円安が生じても輸出量は不変であり，輸出額も一定になる。

他方，円表示の輸入額 M は，

$$M = eP^*Q_m$$

である。ここでもドル表示の輸入価格 P^* は一定とする。円安は輸入量 Q_m を減少させるが，為替レート e を上昇させるから，円表示の輸入額 eP^*Q_m の増減は確定できない。ただし，輸入量の反応の度合いが大きく，輸入量の減少幅が為替レートの上昇幅を上回れば輸入額は減少する。しかし，輸入量がまったく反応しない短期では，為替レートが上昇するのみで，輸入額は増加する。

ここから，円安が生じても，貿易量が不変である短期では，輸出額が一定で輸入額が増加するために，経常収支は悪化する。そして，時間とともに貿易量が為替レートの変化に反応するにつれて，経常収支は改善する。反対に，円高に対して，経常収支は一時的に改善し，貿易量の調整に応じて悪化する。図

図9－6 **J**カーブ効果

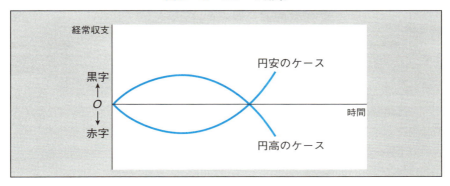

9－6のように，為替レートの変化に伴う経常収支の時間的な変化がJの字に似ていることから，このような現象をJカーブ効果とよぶ。

ところで，図9－3において，為替レートの決定と変動を説明したが，為替レートを通じて自国経済と外国経済は連関し，それぞれの経済は相互依存関係にある。この場合，日本の経済動向はアメリカ経済に波及し，反対に，アメリカの経済動向から日本経済は影響を受ける。たとえば，日本の金融緩和によって国内利子率が低下すると，アメリカの証券が購入されるために，為替レートは円安・ドル高になる。この場合，国内では経常収支が改善してGDPが押し上げられるが，アメリカでは経常収支が悪化して景気後退が生じるであろう。逆に，アメリカで金融緩和が発動されて利子率が低下すれば，日本の証券が購入され，為替レートは円高・ドル安となる。アメリカでは経常収支が改善してGDPが押し上げられる。しかし，日本では経常収支が悪化して景気が後退する。これらの場合，他国の犠牲のうえで自国の景気が回復するという近隣窮乏化が発生する。ある国の経済行動が他国の経済に伝播するという相互依存の中では，主要国を中心に，近隣窮乏化を回避するための手段として経済政策を国際間で調整する国際政策協調の枠組みが構築されている。

Problems

1. 表のようなⅠ国とⅡ国の生産状況にもとづき，以下の設問に答えなさい。

	Ⅰ国	Ⅱ国
X財1単位の生産に投入される労働量（人）	100	90
Y財1単位の生産に投入される労働量（人）	120	80

   (1) Ⅰ国とⅡ国はそれぞれいずれの財に比較優位をもつか。また，その理由を述べなさい。
   (2) 両国が比較優位をもつ財に完全特化した場合，世界全体の生産量はどのように変わるか。

2. 自国の輸出財市場を取り上げて，部分均衡図をもとに自由貿易の利益を説明しなさい。

3. 国際間の労働移動はいかなる効果を及ぼすかを説明しなさい。

4. 図9－3にもとづき，外国為替の需要曲線と供給曲線がそれぞれ右方にシフトした場合，為替レートはどのように変わるかを説明しなさい。

5. 次の仮設の経済モデルにもとづき，以下の設問に答えなさい。なお，限界消費性向 c，限界輸入性向 m 以外の数字の単位は兆円とする。

   生産物市場の均衡条件　$Y = C + I + G + X - M$
   　消費関数　$C = C_0 + c(Y - T)$　　$C_0 = 30$，$c = 0.6$
   　輸入関数　$M = M_0 + mY$　　$M_0 = 20$，$m = 0.1$
   　投資支出 $I = 100$，政府支出 $G = 100$，租税収入 $T = 100$，輸出 $X = 80$

   (1) 均衡時のGDPと経常収支はいくらか。
   (2) 外国貿易乗数はいくらか。
   (3) 政府支出が10兆円増加したとき，GDPと経常収支はいくらになるか。
   (4) 10兆円の減税を行ったとき，GDPと経常収支はいくらになるか。
   (5) 輸出が10兆円増加したとき，GDPと経常収支はいくらになるか。

Chapter 10

経済社会の展望と未来

　ビジネスとは商いのことである。商い（商業活動）は企業による営利活動であり，企業は財やサービスを生産し，さまざまな取引をすることにより利益をあげることをその存在理由とする。日本の学生の大半はどのような専門分野に進もうとも，卒業と同時に企業に就職する。つまり，就職先が金融であれ，マスコミであれ，ITであれ，メーカーであれ，結局ビジネス活動の一翼を担うことになる。究極的には，自営業や農林水産業も含めると，現在，日本に，いやむしろ，地球上に存在するすべての人は，何らかのビジネスにかかわって生活しているのである。

　ビジネスは市場における取引であり，まさしく，経済学の中心となる課題である。そこで，ビジネスに携わりたい，あるいは，ビジネスで成功したいと思う人が，経済学の基礎知識を身につけることは，最低限必要なことである。この教科書は経済学の初学者のために，ビジネスの経済学入門書として刊行された。伝統的および最新の経済学理論のうち，ビジネスに役立つ知識や理論を厳選した，かなり野心的な試みとなっている。各Chapterをとおしビジネスに関する現実的で興味深い経済学の世界を堪能した後，ここでは現実の経済で発生している諸問題に鑑み，ビジネスの面からみた経済学の限界と，さらに，残された課題を考えてみたい。

●Key Words●
ビジネス（商い），起業家，勝者と敗者，市場の開放，不平等性（貧富の差），
ビジネスと倫理，効率性と公正，ただ乗り，囚人のジレンマ，多国籍企業，
経済統合，共通通貨，オプション，地球温暖化，ODAと国際機関，
情報（IT）革命，ビジネスのための経済学

1 ビジネスと競争

（1）企業とビジネス

　経済主体としての企業は市場における売り手として，利潤を最大にするように労働や資本などの生産要素を用い，財・サービスを生産すると経済学では仮定している。しかし現実には，各企業はそれぞれ単一の意思決定主体によって構成されていることはまれである。企業のビジネス活動の受益者だけでも，経営者と所有者および労働者の3者が存在する。企業の利益は広い意味では経営者と所有者が分け合う形となり，その分配に関して両者の立場は当然相容れないものとなる。ベンチャー企業のように起業家が所有者と経営者を兼ねる場合，利益分配の問題は発生しないが，ほとんどの大企業では所有者（株主）と経営者は別であるため，この問題は潜在的に必ず発生し得る。さらに，経営者が自分達の経営権の維持を第1の目的とするような場合，経営者は所有者の求める利益最大化をしないかもしれない。そのような場合，所有者は損害を被ることになる。

　労働者は経営者に雇われ生産活動に従事し，労働の対価として給与や賃金を受け取る。ただし，これは企業のビジネス活動の継続が暗黙の前提となっている。売り上げが悪くなると賃金がカットされたり，リストラされるかもしれないし，倒産すると全員の職が失われることにもなりかねない。事実，労働者は労働組合を結成して，賃金やリストラだけでなく経営方針についても意見を反

映させることができる．つまり，労働者にとっても，企業のビジネス活動が存続することが最低限望まれているのである．

近年まで，日本の大企業は事実上経営者のものであった．厳密にいうと，特定の銀行を中心としたグループや，旧財閥企業のグループ内で，メンバー企業がお互いに株式を持ち合うことにより，経営権の安定を図ってきた．つまり，経営者は株主の意向を聞くこともなく，自分の企業の経営に専念してきたのである．企業が安定して存続した結果，労働者からも最低限の支持が取りつけられたともいえる．

需要と供給の分析によると，市場における競争が激しければ激しいほど，経済余剰が大きくなり市場の効率性が高まる．完全競争市場では，消費者余剰は最大化され，家計にとってはまさしく天国である．しかし，企業にとっては，利益があがっているかぎり新規参入の脅威にさらされ，長期的には利益がなくなってしまうような地獄となる．逆に，独占市場では市場価格は吊り上げられ，取引量も制限され，企業の利益は最大化される．現実には，市場に参加している企業の数はそれほど多くないので，参加企業同士が過度な競争を避けるため，談合（カルテル）を形成する要因があることは明白である．

日本では，高度経済成長期には経営者が経営の安定と存続に重きを置いた結果，過度な競争を避ける傾向があった．寡占市場も多く，その大部分では，ある程度の生産者同士の協力があったように思われる．とくに，道路建設，地下鉄工事，空港建設，軍需産業などの公共事業では，あたかもカルテルが形成されたかのような結果もみられた．したがって，日本では生産者の利益が優先されてきたといえるのである．

しかしながら，ビジネスの面からみると少し違った結果となる．経営者は過度な競争を避ければ，ある程度のビジネスの成功が保証され，経営権も維持できる．株主からの利益最大化の圧力はないため，まさしく，企業の経営は安定して存在したのである．さらに，消費者として被害を被ったとしても，消費者の大部分は企業に雇われた労働者であるため，最終的に自企業の存続が保証されるこのシステムは黙認されてきたことになる．つまり，このように，できるだけ多くの企業が存続するシステムは，企業の経営者だけでなく，企業の労働者，すなわち，消費者からも事実上支持されてきたのである．

(2) 市場の開放と新しい市場

　平成バブル期の前後には,日本でも多くの市場が国内外に開放されるようになった。また,旧国鉄がJR各社に,そして,旧日本電信電話公社がNTT各社に分離されたことに代表されるように,国や地方自治体が独占してきた事業が民営化され,新たな参入が許されるようになった。このため,製造業から流通そして金融にいたるまで,日本のほとんどの市場において競争が激化した。とくに,外国の企業が参入した市場では,競争がいっそう激しくなり,結果,寡占的な市場でさえ,参加企業同士の競争を避けるような協力関係は形成されにくくなった。

　近年では,日本の個人・機関投資家は,企業所有者(株主)としての権利を行使する傾向が強くなった。とくに,投資ファンドが多額の資金を集め,特定の(含み資産が大きいような)企業の株式を大量に保有し,株主の利益を優先させるよう経営者に働きかける動きも頻繁にみられるようになっている。さらに,大企業の経営者は競争の激化から経営に余裕がなくなり,グループ内での株の持ち合いを縮小あるいは解消せざるをえなくなってきた。したがって,経営者は株主の利益最大化の意向を十分尊重するようになり,競争はさらに激しくなってきている。

　最終的に,日本の開放化政策(TPP参加を含む)がすべて完了し,民営化が可能な事業はすべて民営化され,かつ,日本のすべての市場が国内外に開放

されたら,いったいどうなるのだろうか。すなわち,談合が形成されやすかった公共事業においても,情報公開が完全に行われ,どの業者も自由に参入できるようになるのである。需要と供給の分析からみると,どの市場でも経済余剰が著しく増加し,完全競争市場に近づいていくことになる。すると,市場における競争の結果,価格は限界近くまで低下し,消費者の利益は最大限尊重されるようになり,日本経済の効率性は大幅に向上することになる。

　よいことばかりのように思われるが,果たしてそうだろうか。市場の効率性は高まるけれども,競争は必ず勝者と敗者を生む。競争に勝った企業は,その市場にとどまりビジネスを継続できる。負けた企業は生産規模を縮小したり,最悪の場合は市場から退出しなければならない。事実,電子部品,電子機器,電化製品,自動車などの市場では,競争は熾烈であり,その結果は残酷なほど明白になっている。経営者としての成功は収益をあげ,利益を大きくすること,つまり,市場の勝者となることである。成功する経営者が生まれる市場では,不可避的に失敗する経営者も存在する。後者の経営者は交代させられるかもしれないが,最悪の場合,その失敗は企業のビジネス活動の最後をも意味する。

　既存の市場において,競争が激しかったり,逆に,新たな参入が制限されているような場合,新しい市場を開拓する起業家（ベンチャー）も出てくる。IT革命の結果,パソコンからブロードバンドそして携帯電話にいたるネットワーク関連のさまざまな市場が生まれ,次々と大成功を収めた起業家も出てきた。その中には,異業種の市場に参入するため,大規模な企業買収や合併をする者まで現れた。しかしながら,これらの華々しい成功の裏側には,当然,おびただしい数の失敗もある。

　敗者の経営者の中にはビジネスを再開し,いずれ成功する者もあろうが,残念ながらその可能性は低いだろう。おそらく,失敗した経営者の生活は悲惨なものになろう。倒産させてしまった場合,融資の返済が不能になり,身のまわりのもの以外すべて失ってしまうかもしれない。さらに,より悲惨なのは,敗者となった企業に勤める人たちである。業績不振となれば,多くがリストラされたり,給与を著しく減額させられる。倒産となれば,すべての社員が職を失い,日常生活を維持することすら難しくなるかもしれない。

　一国の経済にはこのような市場がすべて含まれるため,各市場の競争が激し

くなると，その効率性は向上し，結果として，日本経済全体の効率性も向上する。しかし，勝者が生まれる一方で，圧倒的な数の敗者も生まれてくる。外見からは消費者のための理想郷と映るかもしれないが，内部には失敗した多数の経営者とその従業員達の苦悩が隠れているのである。したがって，経済全体のパフォーマンス（GDPなど）は向上するが，同時に貧富の差（不平等性）も拡大することになるのである。

（3）ビジネスと倫理

　激しい競争の下では，経営者は勝者となるべく，最大限の利益をあげようと奮闘努力する。競争を制限して談合に向かおうとするかもしれないが，株主の圧力や第三者の監視のもとでは競争に勝つしか道はない。すると，経営者の中には，最低限決められた社会のルール（法など）を破ってまで，利益を追求する者も出てくるかもしれない。たとえば，食品の産地偽装，製品の欠陥隠し，社員に対する過重・違法労働に加え，国家資格を与えられた専門家や学術機関に所属する研究者による偽装や不正も発生している。確かに，ビジネスの勝者になることは大事だが，そのためになにをしてもよいのだろうか。

　株主の権利が保証されているアメリカでさえ，年金基金などの大規模な機関株主と大企業経営者との間の利益分配は，経営者の方に著しく偏っているのが現状である。つまり，競争があまりに激しいため，競争に勝つ経営者が過大に評価されるのである。労働者の賃金はつねに低く抑えられ，経営者が利益の大部分をとり，残りを株主が受け取る形となっている。当然，所得分配の不平等や貧富の差は，日本と比べて非常に大きいが，最終的にはアメリカ国民自身が選んだシステムなのである。ごく少数の勝者は非常に豊かに暮らし，大多数の敗者は最低の暮らしをする。確かに，競争に参加する機会は平等だが，その結果は不平等なのである。

　さて，日本国民はどのようなシステムをよしとするのだろう。過去の生産者主導のカルテル的市場であろうか。そこでは全参加企業が失敗せず，小さい成功が保証される。経済全体の効率性は最大限に発揮されないが，国民は平等に暮らせるのである。または，日本が現在向かいつつあるといってもよいかもしれない，アメリカ型の消費者主導の市場であろうか。そこでは，少数の参加企

業が大きな成功を収め，残りの企業は失敗する。経済全体の効率性は最大限に発揮されるが，国民は不平等に暮らすことになる。あるいは，両者の間に位置するなにか別のシステムを作り出すのであろうか。

(4) ビジネスの限界と政府

　市場におけるビジネス活動の結果，勝者と敗者が不可避的に生まれる。そして，それは所得や富の不平等性を大きくする。敗者の生活は悲惨だが，それを悲惨なままにしておいてもよいのだろうか。しかし，たとえ手を差し伸べようとしても，各個人ができることはわずかである。さらに，他の人が何とかすれば自分はなにもする必要がないのではないかという「ただ乗り」動機も働き，実際に集まる援助はわずかなものになるだろう。このようにビジネスを含めた民間の活動だけでは，この問題は根本的には解決できないのである。

　そのため，公的機関であり強制力をもった政府の存在理由があるのである。現在，日本でも個人が稼いだ所得には所得税が，そして，企業が稼いだ利益には法人税が課せられている。所得が高ければ高いほど税率も上がる累進課税になっており，逆に，ある最低水準以下の所得の人たちは生活補助を受け取っている。現在の日本では，市場における競争が激しくなり，不平等の差は大きくなっているようである。そこで，勝者はどの程度の負担を受け入れ，敗者はどの程度の補助を受け取ればよいのか。効率性と公正のバランスはどうとればよいのか。これは直接的には政治の責任だが，国民1人1人の選好や意見を最大限取り入れて，政策を具体化させるという点では，日本の国民全員の問題であるともいえるのである。

2 世界とビジネス

(1) 企業と国際的ビジネス

　国際的な経済活動は，財（モノ）の輸出入の場合は貿易であり，資本（カネ）の場合は国際金融取引である。しかし，企業のビジネス活動のうち，国境をまたぐ取引を便宜上そのように分類したにすぎず，現実は非常に複雑かつ多岐にわたり，多数の企業によるさまざまな取引の結果なのである。つまり，ある企業の顧客が外国の個人や企業の場合は輸出となり，逆の場合は輸入となる。また，同一企業がそのビジネスの一環として，貿易と国際金融取引の両方を行うことも当然考えられる。たとえば，日本の自動車メーカーが自動車部品を中国から買い（輸入），生産した自動車をアメリカに売り（輸出），アメリカの自動車会社に投資したり（株式投資），アメリカに現地工場を建設する（直接投資）ような場合である。

　総合商社のように，ありとあらゆる取引を仲介することにより利益を得る企業もある。鉄鉱石，石炭，石油，海産物，繊維，穀物，食料加工品，電気製品，鉄鋼製品などにいたるまで幅広く売買したり，油田や石炭開発プロジェクトに投資したりと，まさしく多種多様な国際的ビジネスを行っている。製造業や流通業を問わず，世界中に支社や工場をもち，関連会社や子会社を設立している

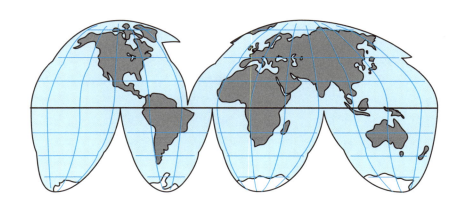

企業もあり，それらは多国籍企業とよばれ，世界中でビジネスを展開している。多国籍企業の場合，どの国に所属するかにより貿易や金融取引の方向性が逆転してしまうこと（輸出の取引が輸入に変わるようなこと）もあり得るのである。

（2）国と地域

　市場は国境を越えて広がり，世界中で競争が行われている。成功する企業やビジネスもあれば，失敗するものもある。多くの勝者が属する国では，全体として経済活動が活発化し，経済成長が達成され，国民の暮らしは平均すると豊かになる。逆の場合，経済活動は不活発で，国民の暮らしは貧しくなる。すなわち，国単位の経済をみると，国と国との間にも競争があり，勝者となる国もあれば敗者となる国もある。そして，敗者の中には，経済のパフォーマンス（GDPなど）が著しく低いレベルまで落ち込み，そこから抜け出せずにいるような極貧に苦しんでいる国も少なからず存在するのである。

　比較優位の原則から，自由貿易は貿易参加国全体の厚生（利益）を最大化する。しかしながら，その最大化された厚生の分配は平等になるとはかぎらない。事実，近年まで，途上国の輸出産品として代表的な農作物などの1次産品の国際価格は，典型的な先進国の輸出品である高度な機械製品（電子機器，精密機械，自動車，航空機など）の価格と比較すると，明らかに低下している傾向があった。逆に，最近では，国際価格は高めに推移し，途上国経済発展の主要な要因となっている。このように，国際貿易は参加国全員をいつも勝者にするわけではないのである。

　地球上では，過去の2度の世界大戦の後，世界平和は維持されてきたようだが，内戦や地域紛争などがなくなったことはない。現在は，宗教や民族対立の名のもとに，先進国や第三国などに対するテロ活動も発生している。しかし，その原因は特定の宗教や民族であるより，かぎられた資源の獲得競争であることが本質なのかもしれない。とくに，高価で貴重な鉱物資源が豊富な場所では，民族対立がより熾烈になるようである。その背後には，世界中の企業や国が隠れていて，その代理競争が行われているかもしれないのである。

　日本の第2次世界大戦後の経済成長は奇跡とよばれるほどであり，1人あたりGDPをみると，世界の上位10国に入ってすでに25年以上が経った。過去15

年ほどデフレといわれているが，日本経済は明らかに世界の勝者なのである。ただし，農耕に適した土地も少なく，かつ，天然資源にも恵まれていないため，日本は貿易により豊かになってきたのである。原材料や食料を輸入し，生産した高度な機械製品を輸出しないことには，国の存続すらままならない。すなわち，天然資源の豊かな大国とは異なり，日本経済は国際的なビジネスをとおして勝者になったのである。したがって，日本は政治・軍事的な同盟関係にあまり偏ることなく，どの相手国とも友好な関係を維持し，かつ，世界平和のもと国際的な経済活動を円滑に運営できるようにしないといけないのである。

貿易には輸送や保険などの費用が余計にかかるうえに，国境をまたぐ際に発生する時間的・事務的な費用も発生する。通常は税関をとおらなければならず，その際，荷主や荷物の検査が行われたり，税金（関税）を納めなければならないこともある。とくに，陸続きで隣り合った国同士では，明らかに不便である。

そこで，貿易を容易にし経済活動を活発にするため，近隣諸国の間で市場を統合する動きが出てきた。これが経済統合であり，その最たる例が西欧諸国によるヨーロッパ連合（EU）である。ドイツやフランスを中心としてヨーロッパ共同体（EC）を結成し，税関を撤廃することから出発した。現在は，EU加盟国間の人と財の移動は原則自由となり，まさしく1つの大きな市場となった。

（3）金融市場

貿易の際，障害となるのは関税だけでなく，各国で使っている通貨が異なることにもある。たとえば，日本企業がアメリカに輸出する場合，代金はアメリカドルで支払われ，日本では日本円に交換しないといけない。円とドル自体が（外国為替）市場で取引されており，その交換比率（価格）が為替レートである。つまり，ある時期にいくら輸出しても，代金を受け取ったときのレートが安くなれば損をし，高くなれば得をする，為替のリスクが必ず発生するのである。

隣り合った国同士では，使用通貨が違うと非常に不便である。そこでEU諸国のうち，大半の国が共通通貨（ユーロ）を導入した。ユーロ圏内の為替のリスクは永遠に生じないことになり，これは究極的な経済統合の形といえる。しかし現実には，世界共通の通貨は実現しておらず，国際取引で使用されている

通貨は圧倒的にアメリカドルであり，次に，ユーロ，そして，円とイギリスポンドがわずかな頻度となっている。

　途上国の中には，貿易をやりやすくするため，自国通貨とドルのレートを市場ではなく，ある決められた（固定）レートとして設定する国もある。しかし，本当の価値（市場のレート）と固定レートの差が大きくなると，レートの維持は難しくなる。つまり，自国通貨の本当の価値が固定レートより大幅に低い場合，自国通貨を売りドルを買う動きが大きくなる。すると，自国からドルが流出して，最終的にはなくなってしまうかもしれない。その結果，輸出代金や外国からの借金（外債）の返済ができなくなり，国や政府自体として破産してしまう。これが南米やアジアで発生した通貨危機である。輸出が不調で，ドルの準備高の低い，あるいは，輸入が多額で外債の残額も大きな途上国は，絶えずこの通貨危機のリスクと隣合わせなのである。

　さて，貿易には為替のリスクが存在することがわかったが，逆に，これを利用して利益をあげることも可能である。つまり，将来円高になる場合，現在円を買い将来円を売れば儲けることができる。むろん，将来のレートを確実に予測することは不可能だが，手に入るすべての情報を用い，かなりの精度で予測できれば，ある程度の成功を収められるかもしれない。このような通貨売買のビジネスは，国際金融取引の代表的な例といえる。

　現在のレートで通貨の売買を行う契約もあれば，ある決められた将来の期日に通貨の売買を行う契約もあり，後者は通貨先物取引とよばれている。さらに，

通貨自体の売買に加え，将来通貨を売ったり買ったりする権利の売買も考えられる。これが通貨先物オプションの取引である。たとえば，30日後に100万円をあるレートで買う（あるいは売る）権利のことをいう。これは通貨自体でなく権利のやりとりなので，うまくいけば巨額の取引を実行し，多額の利益を得られるが，失敗すると，ほとんどすべてを失うことになる。

　日本では，株式，社債，国債など，多種多様な金融商品が取引されている。最近，外国の政府や企業の金融商品の売買も非常に容易になり，まさしく，金融市場は世界で1つに統合されつつある。現在，日本の投資家は，日本の自宅にいながらドル預金をしたり，アメリカ国債を買ったり，外国の企業の株式や社債も買える。もちろん，それぞれの金融商品の先物や先物オプションの売買も可能になり，金融市場はさらに複雑で大きくなっている。金融資産だけでなく，石油，石炭，大豆，小麦などの財の取引に対しても先物オプションの売買は可能であり，現実の財から新たな金融商品が派生したことにより，金融市場はいっそう複雑で巨大になってきている。

　ビジネスと経済の未来

（1）経済と環境

　自然災害は免れない。地震はよい例で，日本では，大きな地震はいつ起きるかわからないとしても，必ず発生する。地震の多い国では，耐震や免震の建物を建てたり，保険でカバーしたり，政府の対策を考えるなどして，できるかぎり準備しておくしかない。しかし最近，世界中で発生している大洪水や干ばつはどうだろうか。こちらは，温室ガス（二酸化炭素）の排出による地球温暖化の影響が大きいといわれている。海水面の上昇により，沿岸部の土地が浸水したり，海抜の低い諸島国は水没しそうになっているようである。

　先進国がこれまでと同じような経済活動を続け，途上国も先進国に追いつくよう経済成長の速度を増している。結果として，化石燃料の消費が著しく増加し，地球上に温室ガスが溜まり，異常気象などさまざまな問題を引き起こしているのかもしれない。つまり，広い意味では，地球上の経済活動により発生し

た人的災害の面もあるのである。

　経済学的には、これらは公害と同様に負の外部性の問題である。どの国も温室ガスの影響は知っているが、自国で処理すると当然費用がかかる。つまり、温室ガスの発生を抑えるため経済活動を少し犠牲にするか、あるいは、代替技術導入の費用を負担する必要がある。他の国が実践すれば、地球全体として温室ガスの排出は抑えられ、恩恵を被れるので、あえて、自分の国からやろうとはしない。このように、ただ乗り（ゲーム理論的には囚人のジレンマ）が発生しやすいのである。

　この問題を解決するため、先進国と途上国との間に排出量の差をつけながらも、地球全体としての排出量を抑えようとする世界的な取り組みが生まれた。近年では、京都議定書が有名である。しかし、先進国中最大の経済大国であるアメリカが批准を翻し、地球の約6分の1の人口をもつ中国も同意に難色を示すなどして、議定書の試みは暗礁に乗り上げている。これは典型的な囚人のジレンマである。すべての国が地球規模の重大な問題であると認識していても、協力して解決する方法はとられず、残念ながら非協力の結果となるのである。

　やはり、できるかぎり市場に頼り、ビジネス活動をとおして解決する方法を模索すべきであろう。超長期的には、あえてなにもしなくても、温室ガスの排出は減っていくと予想される。化石燃料の埋蔵量にはかぎりがあり、産出量は徐々に減少していく。つまり、化石燃料の供給が減少し、価格が上昇してくる。すると、燃料電池、バイオマス発電、地熱発電などの代替（再生）エネルギーに需要がシフトする。技術革新も促進され、代替エネルギーの供給は増加し、価格は安価に安定するようになる。最終的には、経済活動は化石燃料ではなく代替エネルギーに支えられるようになるだろう。

　しかし、代替エネルギーへのシフトに時間がかかりすぎると、直前の問題は解決しない。短期的には、炭素排出権市場が有望な解決法であろう。各国、あるいは、各企業が炭素排出権を取引することである。代替技術を導入済みの企業は余った排出権を売り、従来の技術のままの企業は排出権を買う。買った企業も、生産費用の一部を上乗せすることになる結果、生産量を減らし、温室ガスの発生が抑えられるのである。また、炭素を吸収するような取り組み、つまり、大規模な植林などをすれば、排出権が余ることになる。技術レベルの低い

途上国でも，広い国土があれば植林により排出権の費用をクリアできるかもしれないのである。植林など自然環境を守る活動が活発になり，希少生物を含む生態系が維持され，経済と自然環境のバランスのとれた持続的成長も可能になるかもしれない。

（2）地球と国際協力

　国際的な競争の結果，勝者と敗者の国が生まれる。国内における所得の不平等の問題と同様に，敗者の国に対する支援も究極的にはビジネスでは解決できない。そこで，各先進国政府が各途上国政府に対して，直接公的な援助（ODA）を送ることもある。これは2国間援助とよばれるが，拠出国が自国の利益のために受入国に条件をつけたり，圧力をかけたりする傾向がある。さらに，各途上国が受け取る援助の総額は拠出国間の公共財となり，ただ乗りが発生しやすく援助額は低くならざるをえない。

　そのため，拠出国と受入国の両方に対して，ある程度の強制力をもった機関が必要となり，国際連合（UN）や世界銀行などの国際機関が設立された。先進国が国際機関に拠出するODAは多国間援助とよばれ，純粋に途上国のために使われてきたはずだが，その効果についてははっきりしていない。前世紀末でさえ，敗者となった国の人びとの生活は依然として厳しく，極端な貧困に苦しんでいる国や人も非常に多かった。高い幼児死亡率，低い平均寿命，悪い衛生状態，低い就学率と識字率など，地球上では貧困問題は根本的に解決されていなかった。結局，UNは新世紀の開発目標（MDGs: Millennium Development Goals）を人類の共通の目標として制定した。

　最近，多くの途上国は高い経済成長を経験し，MDGsは地球全体では大幅に改善している。ただし，地球上のさまざまな場所では，貧困問題に加え，民族間対立，人権侵害，女性問題など多種多様な課題が残されている。村や町などの狭い地域単位で，その地域特定の問題に対して，NGOなどによる民間からの援助活動も多くみられるようになった。公的な援助と比較して圧倒的に少額ではあるが，問題に直結しているため成功している団体も多いようである。自分達の活動の情報公開を徹底して行い，できるだけ効率的に運営すれば，ある程度の賛同や支援も得られるかもしれない。ただし，すべてボランティアでは

活動自体長続きするはずもない。ただ乗りの要因を覆して，公的援助にとって代わることは不可能であるから，よい意味で政府とNGOの連携が望まれるのである。

民主主義や自由貿易の普及と維持から，エイズ，エボラ出血熱，鳥インフルエンザなどの伝染病対策まで，環境や貧困以外の地球規模の重要な問題も山積している。ビジネスの限界は当然認識すべきだが，市場をとおさない解決法は浸透しにくいのも事実である。基本的には，政府やNGOが最初に支援を始めるにしても，社会的起業家が新たなビジネス活動として，事業を引き継ぐ方向をできるだけめざすべきであろう。

(3) 情報化社会とその後

50年前には，まるで空想の話でしかなかったパソコンや携帯電話は，現在，人びとの生活に欠かせないものになった。これは，情報（IT）革命の結果である。このまま情報革命が進めば，ありとあらゆる情報を記録・保存・利用できるようになる。すでに，インターネットで実現しつつあるが，あらゆる個人が広く情報を世界中の人に向かって発信できるようになった。逆に，住所，家族構成，電話番号，本籍地，勤務先，年収など，個人のほとんどの重要な情報が政府に把握され，それらが簡単に利用できる形で保管されている。毎日の買い物や乗り物のデータも電気的に記録され，インターネットや携帯電話の使用から防犯カメラによる日々の移動にいたるまで，まさにビッグデータの時代が到来し，個人の過去の行動が完全に記録される日も目前といえそうである。

すると，完全情報が実現し，まさしく完全競争市場が実現する条件が整うのである。情報が完全に公開されると，市場の効率性が最大化され，日本経済のポテンシャルは最大限生かされるようになるかもしれない。どの店でも自分の好みの商品が既に選択され，必ず喜ばれる贈り物が推薦され，買い物の失敗はほとんどなくなってしまう。談合や偽装および不正の動きがあれば，すぐにその情報が公開され経済秩序が保たれる。政治家の不正もなくなり，犯罪は必ず検挙され，政府の行財政改革も成功し，まさに理想郷が実現するかもしれない。

しかしながら，これらの情報を悪用すれば恐ろしい結果が待っている。現在でも，個人の消費者金融やインターネット取引の記録が，さまざまな犯罪に利

用されている。さらに，卒業生や職員名簿あるいは住民台帳なども，合法・非合法問わず使用されている。将来的に，個人の医療情報が保険会社や雇い主に公開されるようになると，不利益を被る人も多数出てくる。つまり，個人情報を保護することも重要なのである。すなわち，情報化社会の行き着く先は，情報公開の面では，完全競争市場を実現する理想郷だが，情報保護の面では，暗黒の世界への入り口ともいえる。このジキルとハイドの二面性のバランスをどうとるのか，非常に困難な問題なのである。

　ビジネスのための経済学とは，商業や商いのための学術的指針である。経済とはもともと「経世済民」の略語で，世の中を治め，人びとを助けるという意味である。つまり，ビジネスのための経済学の一貫したテーマは，市場の商業活動を通じて世の中をいかに治め，どのようにして人びとの生活を豊かにするのか，ということであろう。情報化社会の行く末がどうなってしまうのかはわからないが，ビジネスを志す者の使命は明白なのではないかと思われる。

Problems

1．政府や国際機関の統計資料をもとに世界各国の所得や富の不平等性を調べ，日本と比較しながら議論しなさい。
2．政府や国際機関の統計資料をもとに世界各国の1人あたりGDPを調べ，豊かな国と貧しい国を分類したり，成長の著しい地域と停滞している地域に分類したりしながら，議論しなさい。
3．この教科書を通じて，これからもっと勉強したい，あるいは，とても興味をもったテーマがあれば答えなさい。そして，そのテーマを追求できる経済学の専門分野がなにかを調べなさい。

学習ガイド

　本書の執筆にあたり，数多くの文献を参考にするとともに，著者自身によるものについては加筆・修正のうえ利用した。

　以下，読者が本書を読むうえで，また，ビジネスのための経済学をよりよく理解するために，参考となる書物を列挙しておく。

1　経済学全般
[1] 伊藤元重『入門経済学（第 3 版）』日本評論社，2009年
[2] 黒田昌裕・中島隆信『テキストブック入門経済学』東洋経済新報社，2001年
[3] スティグリッツ／ウォルシュ（薮下・秋山他訳）『入門経済学（第 4 版）』『ミクロ経済学（第 4 版）』『マクロ経済学（第 4 版）』東洋経済新報社，2012，2013，2014年
[4] マンキュー（足立・石川他訳）『マンキュー経済学Ⅰミクロ編（第 3 版）』『マンキュー経済学Ⅱマクロ編（第 3 版）』東洋経済新報社，2013，2014年

2　ミクロ経済学
[5] 嶋村紘輝・佐々木宏夫・横山将義・片岡孝夫・高瀬浩一『入門ミクロ経済学』中央経済社，2002年
[6] 嶋村紘輝・横山将義『図解雑学　ミクロ経済学』ナツメ社，2003年
[7] 嶋村紘輝『新版　ミクロ経済学』成文堂，2005年
[8] 佐々木宏夫『基礎コース　ミクロ経済学』新世社，2008年
[9] 伊藤元重『ミクロ経済学（第 2 版）』日本評論社，2003年
[10] 井堀利宏『入門ミクロ経済学（第 2 版）』新世社，2004年
[11] ヴァリアン（佐藤監訳）『入門ミクロ経済学』勁草書房，2007年

3　ゲーム理論，情報の経済学
[12] 佐々木宏夫『入門ゲーム理論―戦略的思考の科学』日本評論社，2003年
[13] 梶井厚志・松井彰彦『ミクロ経済学―戦略的アプローチ』日本評論社，2000年
[14] 武藤滋夫『ゲーム理論入門』日本経済新聞社（日経文庫），2001年
[15] 佐々木宏夫『情報の経済学』日本評論社，1991年

4　マクロ経済学
[16] 嶋村紘輝・佐々木宏夫・横山将義・昼間文彦・横田信武・片岡孝夫『入門マクロ経済学』中央経済社，1999年
[17] 嶋村紘輝『マクロ経済学』成文堂，2015年
[18] 伊藤元重『マクロ経済学（第 2 版）』日本評論社，2012年

[19] 中谷巌『入門マクロ経済学（第5版）』日本評論社，2007年
[20] 井堀利宏『図解雑学　マクロ経済学』ナツメ社，2002年
[21] 北坂真一『マクロ経済学・ベーシック』有斐閣ブックス，2003年
[22] 福田慎一・照山博司『マクロ経済学・入門（第4版）』有斐閣アルマ，2011年
[23] 宮尾龍蔵『コア・テキスト　マクロ経済学』新世社，2005年
[24] マンキュー（足立他訳）『マンキューマクロ経済学Ⅰ・Ⅱ（第3版）』東洋経済新報社，2011，2012年

5　財政，金融，経済政策，国際経済，開発経済

[25] 横田信武・森岡一憲『財政学講義』中央経済社，2000年
[26] 『図説　日本の財政』各年度版，東洋経済新報社
[27] 家森信善『はじめて学ぶ金融のしくみ（第4版）』中央経済社，2013年
[28] 福田慎一『金融論―市場と経済政策の有効性』有斐閣，2013年
[29] 晝間文彦『基礎コース　金融論（第3版）』新世社，2011年
[30] 横山将義『経済政策』成文堂，2012年
[31] 中北徹『入門国際経済学』ダイヤモンド社，2005年
[32] 高木保興『開発経済学の新展開』有斐閣，2002年
[33] 朽木昭文・野上裕生・山形辰史編『テキストブック開発経済学』有斐閣ブックス，2003年

6　ビジネス・エコノミクス

[34] 小田切宏之『企業経済学（第2版）』東洋経済新報社，2010年
[35] 伊藤元重『ビジネス・エコノミクス』日本経済新聞社，2004年
[36] 淺羽茂『経営戦略の経済学』日本評論社，2004年
[37] 宮本光晴『企業システムの経済学』新世社，2004年
[38] 丸山雅洋『経営の経済学（新版）』有斐閣，2011年
[39] 工藤和久『法学部生のための経済学入門』東洋経済新報社，2006年
[40] ミルグロム／ロバーツ（奥野・伊藤・今井・西村・八木訳）『組織の経済学』NTT出版，1997年
[41] ベサンコ／ドラノブ／シャンリー（奥村・大林監訳）『戦略の経済学』ダイヤモンド社，2002年

7　経済数学

[42] 佐々木宏夫『経済数学入門』日本経済新聞社（日経文庫），2005年
[43] 沢田賢・安原晃・渡辺展也『大学で学ぶ微分・積分』サイエンス社，2005年

8　経済用語辞典

[44] 金森・荒・森口編『経済辞典（第5版）』有斐閣，2013年

Problemsの解答とヒント

各Chapter（章）の終わりにProblems（練習問題）がついているので，読者はぜひ自分で解答を試みてほしい。以下，読者の学習上の便宜を考えて，解答あるいは解答上のヒントを示しておく。

【Chapter 1】

1．（1）『会社四季報』東洋経済新報社を参照しなさい。
　　（2）不良債権，グローバリゼーション，IT革命などの大きな動きを念頭に，答えなさい。
2．Chapter 1第2節（2）にもとづき，簡潔にまとめなさい。
3．敵対的企業買収，官製談合，ニート，日本銀行の金融政策などの記事にもとづいて答えなさい。

【Chapter 2】

1．必需品の場合：需要曲線は，傾きが急な右下がりの形になる。一般に，需要の価格弾力性は1より小さく，また，需要の所得弾力性も1より小さい。
　　非必需品の場合：需要曲線は，傾きが緩やかな右下がりの形になる。一般に，需要の価格弾力性は1より大きく，また，需要の所得弾力性も1より大きい。
2．供給が固定的な場合：供給曲線は，固定的な供給量の水準で垂直な形になる。また，供給の価格弾力性はゼロである。
　　供給が可変的な場合：一般に，供給曲線は右上がりの形になる。なかでも，価格の変化率より供給量の変化率が大きい財は，供給曲線の傾きは緩やかで，供給の価格弾力性は1より大きい。反対に，価格の変化率より供給量の変化率が小さい財は，供給曲線の傾きは急で，供給の価格弾力性は1より小さい。
3．需要法則が妥当しないケース：ギッフェン財（価格が下がると，かえって需要量が減少してしまう財），インフレ下の買い急ぎ，投機的な購入行動，高価であることが需要を喚起する財（高級ブランド品や贈答品など）。
　　供給法則が妥当しないケース：一定賃金以上の労働供給，都心部の土地，特異な才能の持ち主。
4．（1）完全競争市場の均衡では，需要量と供給量は一致するから，$100-10P=-40+10P$。これを解くと，均衡価格$P=7$万円。さらに，Pの値を需要曲線または供給曲線に代入すると，均衡取引量$Q=30$万台。

(2) 需要曲線は右に100だけシフトして，$Q=200-10P$。これと供給曲線$Q=-40+10P$の交点を求めると，$P=12$万円，$Q=80$万台。

(3) 供給曲線は右に60だけシフトして，$Q=20+10P$。これと需要曲線$Q=100-10P$の交点を求めると，$P=4$万円，$Q=60$万台。(1)と比べて，価格は3万円下がり，取引量は30万台増加する。

5. 市場の取引価格の下限が，市場均衡価格よりも高い水準に設定されると，供給量は増加し，需要量は減少するので，超過供給の状態になる。これは資源の浪費である。価格は高く，取引量は小さくなるので，買い手の経済余剰は必ず減少する。売り手の経済余剰は増加するかもしれないが，市場全体の経済余剰は減少する。

6. (1) 完全競争市場の均衡は，需要と供給が等しくなる点で実現するから，$360-2P=-40+2P$。これを解くと，均衡価格$P=100$円。ゆえに，均衡取引量$Q=160$万箱。このとき，消費者余剰$=(180-100)\times160\div2=6400$万円。生産者余剰$=(100-20)\times160\div2=6400$万円。総余剰$=6400+6400=1$億2800万円。

(2) 供給曲線は消費税分だけ上にシフトして，$Q=-40+2(P-20)$。これと需要曲線$Q=360-2P$との交点を求めると，$P=110$円，$Q=140$万箱。この場合，消費者余剰$=(180-110)\times140\div2=4900$万円。生産者余剰$=(90-20)\times140\div2=4900$万円。政府の税収$=20\times140=2800$万円。総余剰$=4900+4900+2800=1$億2600万円。

【Chapter 3】

1. 図A－1において，生産物1単位あたりV円の外部経済が発生するとすれば，社会的費用は外部経済の分だけ私的費用を下回る。社会的に望ましい生産量は，市場需要曲線DDと社会的費用曲線S_2S_2の交点E_2に対応して，Q_2の水準である。このとき，買い手の限界価値と社会的限界費用は一致し，市場全体の経済余剰は三角形AB_2E_2の大きさで，最大になる。

ところが，市場経済では，企業は外部へのプラスの波及効果を計算に入れず，私的費用にもとづいて行動する。完全競争下の市場均衡は，需要曲線DDと私的費用曲線SSの交点Eで成立し，生産量はQ_Eの水準になる。この場合，価格P_Eは1単位あたりの外部経済EGだけ社会的費用を上回り，社会的にみて過少生産となる。また，消費者余剰は三角形AEP_E，生産者余剰は三角形BEP_E，外部経済は四辺形BB_2GEの大きさであるから，これらを合計すると，総余剰は台形AB_2GEの面積になる。したがって，市場均衡点Eでは，パレート最適点E_2と比べて，経済余剰がブルー部分（三角形EE_2G）だけ小さく，資源配分面で市場の失敗が起きる。

図A－1　生産の外部経済

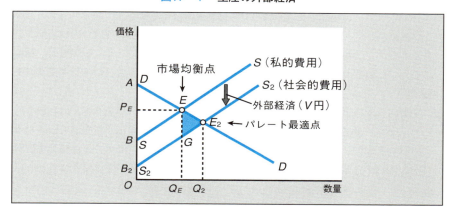

2．たとえば，ある人がアルコール類を飲むと，本人は楽しんでいるが，周囲の第三者に迷惑を及ぼし，外部不経済を発生させる可能性がある。この場合，社会的価値は外部不経済の分だけ私的価値よりも小さい。しかし，市場経済では，私的価値にもとづいてアルコール類の消費は決定されるので，その消費量は社会的に望ましい水準よりも多く，過剰消費になる。

3．(1) 完全競争市場の均衡では，需要と供給は等しいから，$10-P=-2+P$。これを解くと，均衡価格 $P=6$ 万円。ゆえに，均衡取引量 $Q=4$ 万トン。このとき，消費者余剰＝$(10-6)\times 4\div 2=8$ 億円。生産者余剰＝$(6-2)\times 4\div 2=8$ 億円。総余剰＝$8+8=16$ 億円。

(2) 外部費用＝$2\times 4=8$ 億円。総余剰＝$16-8=8$ 億円。

(3) 供給曲線はピグー税分だけ上にシフトして，$Q=-2+(P-2)$。これと需要曲線 $Q=10-P$ との交点を求めると，$P=7$ 万円，$Q=3$ 万トン。この場合，消費者余剰＝$(10-7)\times 3\div 2=4.5$ 億円。生産者余剰＝$(7-4)\times 3\div 2=4.5$ 億円。政府の税収＝$2\times 3=6$ 億円。外部費用＝$2\times 3=6$ 億円。総余剰＝$4.5+4.5+6-6=9$ 億円。

4．公共財とは，消費に関して，競合性も排除性もないような財のことである。それに対し，普通の私的財は，消費の競合性と排除性の2つの性質をもつ。また，消費の排除性はないが競合性がある財を，共有資源という。

5．公共財には「ただ乗り」の問題があるため，第4節で説明したように，価格メカニズムがうまく機能せず，市場は公共財の最適供給に失敗する。政府にも同じこと

がいえる。もし政府が、各人の公共財に対する限界価値をベースにして、各人に税負担を求めることができれば、公共財の最適供給は実現する。しかし、自分のつける価値に応じて、公共財の税負担が決められるとなれば、誰もが自分の税負担を軽くするため、公共財に対する選好を少なめに申告するようになる。その結果、課税にもとづく公共財の供給は最適水準より少なくなり、政府も公共財の最適供給に失敗する。

6．労働者（求職者）は、自分がどのようなタイプの人間で、有能か否かはわかっている。一方、企業（求人）は、各労働者の能力や適性を完全によく知っているわけではない。そのため、全員一律に同じ賃金を支払うことにすると、生産性の高い有能な人はこの企業への応募を敬遠し、結局、生産性の低い人を多く雇用することになる。

　このような逆選択の問題を防ぐため、企業は、求職者のもつ学歴、資格、職歴などを、その人の能力や適性を示すシグナルとして利用したり、求職者本人に、希望する賃金額・職種や達成可能な目標を表明させるなどする。その結果、企業は労働者のタイプに関する情報を得て、タイプにより異なる賃金を提示することが可能となり、逆選択の問題は解消する。

7．派遣会社が依頼人、派遣社員が代理人（エージェント）というエージェンシー関係において、派遣会社は派遣社員の行動をつねに観察できないため、派遣社員は派遣会社の利益にかなう行動をとらないかもしれない。

　こうしたモラル・ハザードの問題を防ぐには、派遣会社は、派遣社員の行動を派遣先に厳しくモニタリングしてもらうこと、歩合給やリース契約のように、派遣社員がみずから進んで働く誘因を与える報酬システムにすることなどが考えられる。

【Chapter 4】

1．自動車の車種の多様化の例やインターネット・プロバイダがコンテンツの多様化などで差別化を図りながらも結局は価格第一になってしまうケース、などを考えてみなさい。

2．①容疑者Aがとる戦略について、もし容疑者Bが自白しないなら、容疑者Aにとって、自分が自白しないと利得は10で、自白すれば利得は20になる。したがって、容疑者Bが自白をしないならば、容疑者Aは自白をしたほうが有利である。次に容疑者Bが自白をしたならば、容疑者Aは自白をしないと利得が1で、自白をすると利得が2になる。したがって、この場合も容疑者Aは自白をすることになる。つまり、容疑者Bが自白をしようとしまいと、容疑者Aにとっては自白をしたほうが有

利である。

②容疑者Bがとる戦略についても，①と同様に考えると容疑者Aがとる戦略にかかわりなく自白をしたほうが有利である。

3．国家間の軍備拡大競争や学生の就職決定の早期化（いわゆる「青田買い」）などの例を考えなさい。

4．C社がP町に出店したときに，D社もP町に出店したなら，D社の利得は2であるが，Q町に出店すれば利得が10になる。したがって，D社はQ町に出店したほうがよいことになる。

逆に，D社がQ町に出店したなら，C社にとってP町への出店の利得は9であり，Q町への出店の利得は3である。したがって，C社にとってはP町への出店のほうがトクである。このように，どちらの社にとっても最適な戦略が選ばれているので，これはナッシュ均衡になっている。

5．B社が戦略1をとったときに，A社が提案Ⅰをとった場合の利得は80で，提案Ⅱをとった場合の利得は50である。したがって，A社にとっては，B社が戦略1をとったときには，提案Ⅰをとるのが有利である。逆にA社が提案Ⅰをとったときには，B社が戦略1から戦略4までをとった場合の利得は，それぞれ，20，20，0，0となるので，B社にとって戦略1をとるときに利得が最大になっている。このように，両社にとって互いに利得が最大化されているので，確かに「その1」はナッシュ均衡である。「その2」と「その3」についても同様である。

【Chapter 5】

1．(1) 配当割引モデルによると株価は配当と割引率によって決定される。
株価＝配当/割引率＝50円÷0.05＝1000円。現在の株価は2000円であるから，配当割引モデルによって予測される株価よりも割高である。

(2) (1)と同様に計算する。株価＝配当/割引率＝50円÷0.025＝2000円。

2．(1) $P=20$，$Q=10$のとき，利潤＝収入－総費用＝200－74.4＝125.6。同様に$Q=12$のとき，利潤＝240－110.16＝129.84。また，$Q=14$のとき，利潤＝280－175＝105。

(2) 生産量が12より大きくても，小さくても利潤が減少する。利潤が最大となるのは，$P=MC$が成立するとき。よって$Q=12$で利潤が最大となる。

(3) $P=MC$より，利潤が最大となる生産量は10である。このときの利潤＝90－74.4＝15.6。

(4) $P=MC$より，限界費用曲線が供給曲線となる。ただし，価格によっては，

企業は操業を行わないこともある。価格 P が9以上であれば，企業は黒字であり，操業を行う。価格が5のときにも，企業は赤字ではあるが操業を行う。しかし，価格が2のときには，$MC<AVC$ となるため，企業は操業を停止する。

3．(1) 勤続年数は厚生労働省「賃金構造基本統計調査」，離職率は厚生労働省「雇用動向調査」を参照のこと。

【Chapter 6】

1．(1) 40　小麦の生産で付加価値20，小麦粉の生産で付加価値20
　　(2) 80　(1)にパン生産での付加価値40を加える
　　(3) 90　(1)にパン生産での付加価値50を加える
　　　　最終生産物の合計で考えればパン80＋小麦粉10＝90
2．日本は，対外債権国であるため海外へ支払う金利・配当よりも，受け取る金利・配当のほうが多い。このため日本ではGNPのほうが多くなる。一方で，中南米諸国などの対外重債務国は，外国へ支払う金利が多いため，GNPよりもGDPが多い。
3．インフレーションは通貨価値の下落を意味するので，預貯金の実質的な価値の減少（目減り）をもたらすために，高齢者など，預貯金・年金を頼りに生活する人びとの生活を圧迫する。インフレーションによっても価値が減らない資産（たとえば，株や土地はインフレーションとともに値上がりする傾向がある）をもつ者とそうでない者との所得分配上の不公平を生み出す。逆に負債を多くもつ企業や個人は，インフレーションにより実質的な負債の価値が下がり，負担の軽減がなされる。
4．不況のときに物価が下がると，それがさらなる物価の下落予想を生み，そのため現在の支出を差し控えて先送りし，不況をさらに悪化させる（これをデフレ・スパイラルという）おそれがある。
5．景気統計の中から，各循環の山と谷の基準日付をみいだし，拡張期と収縮期の長さ（月数）を調べなさい。
6．企業は，人員整理や賃金抑制，FA化・OA化などによりコストの削減をめざした減量経営や事業内容の再編成を行うとともに，省資源・省エネルギー化に努めた。そのため，第2次石油危機の影響を和らげることができた。また，この過程で進行した技術革新により，1980年代に入るとエレクトロニクス・新素材・バイオテクノロジーなどの先端技術産業が発達し，輸出が急増したことなどにより，不況から脱出することができた。
7．円高のメリット：輸入業者や原材料を輸入に依存した生産者に為替差益をもたらすが，やがてその差益の還元が進み，物価安定に寄与する。関連業界の技術革新，

合理化，生産性の向上を招き，国内需要主導型の成長へ転化する。

円高のデメリット：輸出差損，輸出量・輸出手取額の減少により輸出関連業界に打撃を与えて，空洞化をもたらす。企業収益が悪化し，倒産，失業の増大といった円高不況による景気低迷を招く。

【Chapter 7】

1. マクロ・バランスの式より，経常収支はプラス（黒字）でなければならない。
2. $Y=C+I+G$ という条件式に消費関数や，投資，政府支出の値を代入すれば $Y=0.8Y+20$ となる。これを Y について解けば均衡におけるGDPは100となることがわかる。このGDPを消費関数に代入すれば消費は81，貯蓄＝$Y-C$ は19となる。投資が1単位減少して11になれば先の式は $Y=0.8Y+19$ となるので，これを解けば $Y=95$ となり，GDPは5単位減少することがわかる。
3. 名目貨幣供給量の減少は総需要曲線を左にシフトさせる。これは短期的には，物価水準と実質GDPの両方を引き下げるが，長期的には総供給曲線が垂直になるので，実質GDPに変化はなく，物価水準だけが低下する。
4. これは正の供給ショックであり，長期の総供給曲線を右にシフトさせるから，物価は下落し，実質GDPは拡大する。

【Chapter 8】

1. 第1の機能は，公共財や行政サービスを供給することが中心であり，これを資源配分機能とよぶ。第2の機能は，国民の最低限度の生活（ナショナル・ミニマム）を保障したり，所得分配の不平等を是正したりする所得再分配機能である。第3の機能は，税や政府支出の増減によって景気変動を抑制する経済安定化機能である。これらの3機能のうち，所得再分配，経済安定化は主として国の役割である。公共財や行政サービスの多くは，その便益の広がりが特定の地域に限定されることから，財政の資源配分機能は地方が中心になって果たすことになる。国は国防や外交などの国家的公共財の供給や公共財のスピル・オーバー（漏出）の調整などを主な役割としている。
2. 租税負担率とは，国民所得に対する国全体の租税負担率をさす。社会保障拠出金（年金や健康保険などの社会保険料）はその負担が租税と同じように義務的なものであり，国民所得に対するその割合を社会保障負担率とよび，租税負担率にこの社会保障負担率を加えたものを国民負担率とよんでいる。さらに，財政赤字（という将来の国民負担）を含めた国民負担率を潜在的な国民負担率とよぶ。

3．（1）財政支出から地方交付税交付金と公債費を除いた一般歳出が圧迫されると，歳出予算の編成における伸縮性が弱まり，資源配分，所得再分配，経済安定化といった財政の機能を有効に働かせることができなくなる。財政赤字による公債発行が続けば，財政破綻にいたらないまでも，公債依存度や公債残高の対GDP比率はきわめて高い値になるおそれがある。

（2）政府債務が民間貯蓄を吸収してしまい，民間投資を阻害するというクラウディング・アウトが生じ，また財政赤字を原因とした金利上昇による外国通貨の流入によって，円高になって輸出が減り，経常収支の黒字幅を減らしてしまう可能性がある。

4．表計算ソフト（たとえば，エクセルなど）を使えば，簡単に構成比を計算できる。その一例が以下の図A－2である。低金利を背景にして現金通貨Cの割合がわずかに上昇し，預金通貨Dの比率が上昇する一方，準通貨TDの割合が低下しているのがわかる。

図A－2　M3の構成比

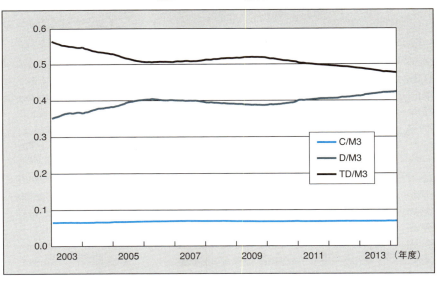

5．本文中の信用創造プロセスのもとでは，最初のハイパワードマネーの増加（ΔH：デルタHと読む）が信用創造をとおして生み出す預金の総増加（ΔD：デルタDと読む）は，$\Delta D = \Delta H + (1-\beta)\Delta H + (1-\beta)^2 \Delta H + \cdots$となることがわ

かる。これは，初項をΔH，公比を$0<(1-\beta)<1$とする無限等比級数にほかならない。かくて，無限等比級数の公式（＝初項×$1/(1-$公比$)$）にしたがい，

$$\Delta D = \frac{1}{1-(1-\beta)}\Delta H = \frac{1}{\beta}\Delta H$$

と求められる。

6．中央銀行が売りオペによって資金を吸収すると，市中の資金供給は収縮，すなわち資金供給曲線が左方にシフトする。したがって，金利は上昇する。

【Chapter 9】

1．(1) Y財ではかったX財の価格は，Ⅰ国で$100/120$，Ⅱ国で$90/80$であるから，X財は相対的にⅠ国のほうが安い。反対に，X財ではかったY財の価格はⅡ国のほうが割安である。したがって，Ⅰ国はX財に比較優位をもち，Ⅱ国はY財に比較優位をもつ。

(2) Ⅰ国ではX財2.2単位が生産され，Ⅱ国ではY財2.125単位が生産される。ここから，特化前よりも世界全体の生産量が増えることがわかる。

2．いま，閉鎖経済下の均衡が図A－3のE点で与えられている。このとき，消費者余剰は三角形DEP_0，生産者余剰は三角形SEP_0であり，総余剰は三角形DESになる。当該財の国際価格がP_1で示されれば，生産量の増加（$Q_0\to Q_1$）と消費量の減少（$Q_0\to Q_2$）が生じる。この結果，（Q_1-Q_2）が輸出され，そのときの消費者余剰

図A－3　輸出財市場でみた貿易利益

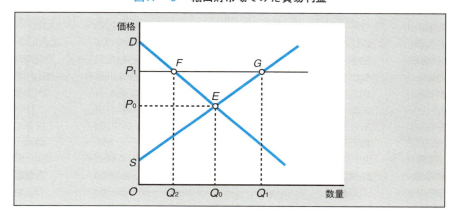

は三角形DFP_1，生産者余剰は三角形SGP_1になる．閉鎖経済と比較して三角形EFGだけ余剰が増加し，これが自由貿易の利益に等しい．

3．図9－2を参考にすれば，縦軸が賃金，横軸が労働量に置き換えられる．また，Ⅰ国とⅡ国の資本の限界生産物曲線は両国の労働の限界生産物曲線（労働需要曲線）に変わる．労働の送り出し国（Ⅰ国）では，労働の流出により賃金が上昇する．国内生産は減少するが，Ⅱ国から労働移動に伴う賃金報酬を獲得し，国民所得は増加する．労働の受け入れ国（Ⅱ国）では，労働の流入によって賃金が下落する．Ⅰ国に対する賃金報酬の支払いが発生するが，国内生産（国民所得）は増加する．労働移動の結果，世界全体で生産・所得が増加し，Ⅰ国では労働者に有利な所得分配が，Ⅱ国では資本所有者に有利な所得分配が行われる．

4．外国為替の需要曲線DDの右方シフトは，円安・ドル高を引き起こし，外国為替の供給曲線SSの右方シフトは，円高・ドル安を招くことを図示して確認しなさい．

5．(1) GDP＝460，経常収支＝14 　(2) 外国貿易乗数＝2
　(3) GDP＝480，経常収支＝12 　(4) GDP＝472，経常収支＝12.8
　(5) GDP＝480，経常収支＝22

【Chapter 10】

1．OECDによる『OECD Factbook　日本語版』や国際連合による『人間開発報告』などを参照して答えなさい．

2．OECDによる『OECD Factbook　日本語版』や世界銀行による『世界開発報告』などを参照して答えなさい．

3．本書を通じて経済学全般に少しでも興味をもった人は，まず，ミクロ経済学とマクロ経済学の勉学により，経済学の基礎の確立を勧める．次に，ミクロ経済学関連の専門分野に進む場合，産業組織論，ゲーム理論，コーポレート・ガバナンスなどがある．マクロ経済学関連では，マクロ成長理論，オープンマクロ経済学，財政学，金融論などがある．データをもとにした統計分析が必要な場合，計量経済学の修得が望ましい．また，歴史的な分析としては経済学説史や経済史など，そして，地理的な分析として経済地理学がある．さらに，国際経済の分析には国際貿易論や国際金融論，労働市場の分析には労働経済学，途上国経済の分析には開発経済学など，分析対象によりさまざまな専門分野（交通経済学，エネルギー経済学，環境経済学を含む）が存在する．

索 引

あ行

IT（情報）革命 ……………………203
商い（ビジネス） ………………189
威嚇（脅し） ……………………71
一物一価 …………………………180
一般会計予算 ……………………141
一般歳出 …………………………141
一般的交換手段 …………………150
一般的熟練 ………………………93
依頼人（プリンシパル） ………49
医療保険 …………………………148
インセンティブ …………………92
インフレーション ………108,136
エージェンシー関係 ……………49
エージェント（代理人） ………49
枝 …………………………………67
NGO ………………………………202
NPO ………………………………75
NPV（純現在価値） ……………78
M2＋CD …………………………113
ODA ………………………………202
Off-JT（Off the Job Training） …93
OJT（On the Job Training） ……93
オスカー・モルゲンシュテルン ……56
汚染者負担の原則 ………………39
オプション ………………………200

か行

外貨準備 …………………………174
外国為替の供給曲線 ……………177
外国為替の需要曲線 ……………177
外国貿易乗数 ……………………185
外部経済 ………………………34,42
外部効果 …………………………34
外部性 ……………………………34
外部費用 …………………………35
外部費用の内部化 ………………36
外部不経済 ………………8,34,44,48
開放経済 …………………………114
価格 ………………………………16
価格規制 …………………………29
価格競争 …………………………54
価格理論 …………………………7
拡張的財政政策 …………………136
貸出金利 …………………………112
過剰生産 …………………………36
可処分所得 ………………………122
寡占 ………………………………15
寡占市場 …………………………191
価値尺度 …………………………150
価値貯蔵手段 ……………………150
合併 ………………………………36
株式売却益（キャピタル・ゲイン） …76
株式売却損失（キャピタル・ロス） …76
貨幣乗数 …………………………155
可変費用 …………………………81
カルテル（談合） ………………191
為替のリスク ……………………198
為替レート ………………………176
環境規制 …………………………38
関税 ………………………………169
関税収入 …………………………169
関税同盟 …………………………170
間接金融 …………………………156
完全競争 …………………………14
完全競争市場 ……………………191
完全雇用 …………………………133
完全情報 …………………………203
完全特化 …………………………166

完全な経済統合	170
機会費用	40
企業	2
起業家	190
企業所有者	192
企業特殊的熟練	93
企業の経済学	5
企業物価指数	108
議決権	78
技術進歩	134
基礎的財政収支	142
基礎年金	149
期待の自己実現	180
規範経済学	6
規模の経済	51
逆選択	46
キャピタル・ゲイン（株式売却益）	76
キャピタル・ロス（株式売却損失）	76
供給価格	26
供給曲線	18
供給ショック	134
供給の価格弾力性	21
供給の減少	21
供給の増加	20
供給法則	17
供給量	17
競合性	41
競争均衡	25
共通通貨	198
共同市場	170
共有資源	44,48
共有地の悲劇	44
協力ゲーム理論	57
均衡	59
均衡為替レート	177
均衡GDP	184
均衡取引量	19
均衡量	19
緊縮的財政政策	136
金融緩和政策	136
金融収支	174
金融引き締め政策	136
金利	112
金利平価	178
近隣窮乏化	187
グレシャムの法則	46
景気循環	107
景気動向指数	107
経済安定化の機能	140
経済学	5
経済資源	5
経済循環	120
経済成長	106
経済成長率	106
経済統合	198
経済同盟	170
経済のサービス化	103
経済のソフト化	103
経済問題	5
経済余剰	22,35
経常海外余剰	115
経常収支	114,174
経世済民	204
ケインズ	126
ゲームの木	66
ゲーム理論	5,10,56
限界価値	22,35,42
限界消費性向	183
限界費用	24,42,83
限界輸入性向	183
現金通貨	152
現在価値	77
建設国債	146
公益企業	51
交易条件	167
交換の利益	165

交換比率	164
公共財	8, 10, 41, 140
公共財の最適供給条件	43
公債依存度	147
合資会社	75
交渉	9, 67
公正性	6
構造的失業	112
行動	66
合同会社	75
高度経済成長	107
購買力平価	180
公平性	6
合名会社	75
効率性	6
効率性と公正のバランス	195
効率的な資源配分	36
コースの定理	38
コールレート	112
国際機関	202
国際金融取引	196
国際経済	11
国際収支	174
国際政策協調	187
国際分業	166
国内総支出（GDE）	101
国内総所得（GDI）	101
国内総生産（GDP）	11, 100
国民総生産（GNP）	104
国民年金	149
国民負担率	145
誤差脱漏	175
固定給	51
固定費用	81
混合経済体制	9

さ行

サービス収支	174
最終生産物	101
財政赤字	122
財政投融資	142
最低価格保証	61
最適戦略	65
差別化	54
産業調整	166
三面等価	104
GDE（国内総支出）	101
GDI（国内総所得）	101
GDP（国内総生産）	11, 100
GDPデフレーター	105
GNP（国民総生産）	104
Jカーブ効果	187
時間	66
シグナリング	46
シグナル	46
資源	5
資源配分	6
資源配分の機能	140
資源配分の効率性	25
自己実現的な予言	128
自己選択	47
市場	7, 14
市場型間接金融	158
市場均衡	19, 36
市場清算価格	19
市場の開放	192
市場の価格調整メカニズム	19
市場の失敗	33, 37
市場メカニズム	7
自然独占	51
持続的成長	202
失業	133
失業率	111
実質貨幣供給量	130
実質GDP	105
実質賃金率	132

実証経済学	6
私的財	41
私的費用	35
自動安定装置	140
支配戦略	59,62
自発的失業	110
資本移転等収支	174
資本設備	132
資本の限界生産物	172
社会的費用	35
社会保障負担率	145
自由資源	5
囚人のジレンマ	60,201
自由貿易	167,197
自由貿易地域	170
受益者負担の原則	42
需要価格	26
需要曲線	16
需要ショック	131
需要と供給	9
需要の価格弾力性	21
需要の減少	20
需要の所得弾力性	21
需要の増加	19
需要法則	16
需要量	16
循環的失業	112
純現在価値（NPV）	78
準通貨	152
準備預金制度	153
純輸出	121
少子高齢化	134
勝者と敗者	193
乗数効果	126
消費関数	183
消費者物価指数	108
消費者余剰	22,36
消費税	30
情報	66
情報（IT）革命	203
情報公開	193
情報集合	67
情報の非対称性	45
所得再分配の機能	140
所得収支	174
所得分配	6
所得分配の公正さ	28
所得理論	7
所有と経営の分離	74
ジョン・フォン＝ノイマン	56
信用乗数	155
スタグフレーション	109,137
ストック	106
税	122
生産技術	132
生産者余剰	23,36
生産特化	166
生産物市場	126
生産物市場の均衡条件	184
正の外部性	34,42
政府支出	122
ゼロ金利	113
ゼロ金利政策	160
潜在的な国民負担率	146
先手必勝型	72
戦略	56,66
戦略型ゲーム	59
総供給	101
相互関係	56
総需要	101,122
総需要管理政策	136
総需要曲線	130
相対価格	129,164
総費用	81
総費用曲線	81
総余剰	26,36

租税負担率 ……………………144

た行

代替財 ………………………19
代理人（エージェント）………49
多国籍企業 …………………197
ただ乗り（フリーライダー）……41,195
短期総供給曲線 ……………133
談合（カルテル）……………191
炭素排出権 …………………201
地球温暖化 …………………200
中央銀行 ………………………11
中間生産物 …………………100
超過供給 ………………………19
超過需要 ………………………18
長期雇用 ………………………91
長期総供給曲線 ……………134
直接金融 ……………………156
貯蓄 …………………………122
貯蓄・投資バランスの式 …122
直間比率 ……………………143
通貨危機 ……………………199
積立方式 ……………………149
DDM（配当割引モデル）……77
デフォルト・リスク ………156
デフレーション ……………109
展開型ゲーム …………………67
統合 ……………………………36
道徳的危険 ……………………48
独占 ……………………………15
独占市場 ……………………191
独占的競争 ……………………15
特別会計予算 ………………141
特例国債 ……………………146
特化の利益 …………………167
取引 ……………………………9

な行

ナッシュ均衡 ……………63,64
ニート ………………………111
日本銀行（中央銀行）………11
日本銀行当座預金 …………159
日本銀行の自主性（独立性）……159
年功賃金 ………………………91

は行

排出権取引 ……………………40
排除性 …………………………41
配当 ……………………………76
配当定率成長モデル …………79
配当割引モデル（DDM）……77
ハイパワードマネー ………153
パレート最適 ……………28,35
比較生産費説 ………………164
比較優位 ……………………165
比較劣位 ……………………165
非競合性 ………………………41
非協力ゲーム理論 ……………57
ピグー税 ………………………39
ビジネス（商い）……………189
ビジネスと倫理 ……………194
ビジネスのための経済学 ……10
非自発的失業 ………………110
非排除性 ………………………41
費用関数 ………………………82
標準型ゲーム …………………59
費用と便益 ……………………44
貧富の差（不平等性）………194
歩合給 …………………………51
付加価値 ……………………100
賦課方式 ……………………149
不完全競争 ……………………15
不完全雇用 …………………134
不完全情報 ……………………45

物価	129	名目貨幣供給量	130
物価指数	108	名目GDP	105
負の外部性	34,44	名目賃金率	132
プライス・テイカー（価格受容者）	15	目的税	145
プライス・メイカー（価格設定者）	15	持分会社	75
プライマリーバランス	142	モニタリング	49
フリーライダー（ただ乗り）	41,195	モラル・ハザード	48

や行

プリンシパル（依頼人）	49
プレイヤー	56
ブレトン・ウッズ協定	116
フロー	106
ペイオフ（利得）	57
平均可変費用	83
平均費用	82
閉鎖経済	114
ヘクシャー＝オリーン定理	168
変動為替レート制	177
貿易	197
貿易・サービス収支	174
貿易収支	174
貿易創造効果	171
貿易転換効果	171
補完財	19
補助金	39

有限責任	74
有効需要の原理	182
有効な威嚇	72
輸入関数	183
預金金利	112
預金通貨	152

ら行

リース（出来高払い）	52
利益配当請求権	78
利子率	112
利得（ペイオフ）	57
利得表	58
流動性	150
量的緩和政策	160
量的・質的金融緩和政策	161
倫理の欠如	48
レモン	45
労働	132
労働契約	133

ま行

マクロ経済学	7,11
マクロ・バランスの式	122
摩擦的失業	110
マネーサプライ	112
マネーストック	151
マネタリーベース	153
ミクロ経済学	7

わ行

割引率	77

■ 執筆者一覧（執筆順）

久 保 克 行（くぼ　かつゆき）　　　　　　Chapter 1 ❶，Chapter 5
早稲田大学商学学術院教授

横 山 将 義（よこやま　まさのり）　　　　Chapter 1 ❷，Chapter 9
早稲田大学商学学術院教授

高 瀬 浩 一（たかせ　こういち）　　　　　Chapter 1 ❸，Chapter 10
早稲田大学商学学術院教授

嶋 村 紘 輝（しまむら　ひろき）　　　　　Chapter 2，Chapter 3
早稲田大学名誉教授

佐々木 宏 夫（ささき　ひろお）　　　　　　　　　　Chapter 4
早稲田大学名誉教授

横 田 信 武（よこた　のぶたけ）　　　　　Chapter 6，Chapter 8 ❶-❹
早稲田大学名誉教授

片 岡 孝 夫（かたおか　たかお）　　　　　Chapter 6，Chapter 7
早稲田大学商学学術院教授

晝 間 文 彦（ひるま　ふみひこ）　　　　　　　　　　Chapter 8 ❺-❼
早稲田大学名誉教授

ビジネスのための経済学入門

2006年5月25日	第1版第1刷発行
2013年12月20日	第1版第19刷発行
2015年3月31日	第2版(改題新版)第1刷発行
2024年9月25日	第2版(改題新版)第22刷発行

著 者 早稲田大学商学部
　　　　ビジネス・エコノミクス研究会
発行者 山 本　　継
発行所 ㈱中央経済社
発売元 ㈱中央経済グループ
　　　　パブリッシング

〒101-0051 東京都千代田区神田神保町1-35
電話　03(3293)3371(編集代表)
　　　03(3293)3381(営業代表)
https：//www.chuokeizai.co.jp
印刷／㈱堀内印刷所
製本／誠製本㈱

©2015
Printed in Japan

※頁の「欠落」や「順序違い」などがありましたらお取り替えいたしますので発売元までご送付ください。(送料小社負担)
ISBN978-4-502-13801-0 C3033

JCOPY〈出版者著作権管理機構委託出版物〉本書を無断で複写複製(コピー)することは,著作権法上の例外を除き,禁じられています。本書をコピーされる場合は事前に出版者著作権管理機構(JCOPY)の許諾を受けてください。
JCOPY https://www.jcopy.or.jp eメール：info@jcopy.or.jp